| 农业部推介·全国农村创业创新优秀带头人典型案例 |

MERGE INTO NEW SPECIES

看正德康城三产如何破界成新

郑　锋◎著

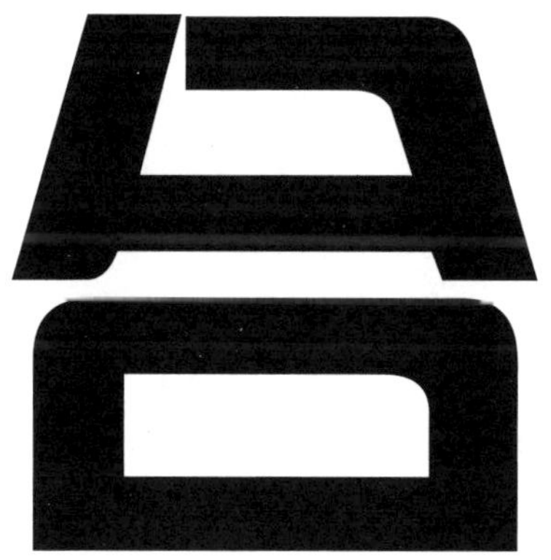

中国财富出版社

图书在版编目（CIP）数据

融合：看正德康城三产如何破界成新 / 郑锋著 .—北京：中国财富出版社，2017.4

ISBN 978-7-5047-6462-1

Ⅰ.①融… Ⅱ.①郑… Ⅲ.①农业企业管理-经验-山东 Ⅳ.①F324

中国版本图书馆 CIP 数据核字（2017）第 093530 号

策划编辑 谢晓绚 **责任编辑** 梁　凡

责任印制 何崇杭　石　雷 **责任校对** 孙会香　张营营 **责任发行** 董　倩

出版发行	中国财富出版社		
社　　址	北京市丰台区南四环西路 188 号 5 区 20 楼	**邮政编码**	100070
电　　话	010-52227588 转 2048/2028（发行部）		010-52227588 转 307（总编室）
	010-68589540（读者服务部）		010-52227588 转 305（质检部）
网　　址	http://www.cfpress.com.cn		
经　　销	新华书店		
印　　刷	北京京都六环印刷厂		
书　　号	ISBN 978-7-5047-6462-1/F·2747		
开　　本	880mm×1230mm　1/32	**版　　次**	2017 年 6 月第 1 版
印　　张	5.5	**印　　次**	2017 年 6 月第 1 次印刷
字　　数	97 千字	**定　　价**	39.80 元

序

我有一个梦想

长在农村，创业起步在城市，父亲的一场病又让我回到农村。

为了父亲的身体康复，我陪着父亲一起去北京学习营养学。那段时间里，我亲眼见证了食补食疗的功效，感受到了药食同源的传统医学的魅力。孝心和责任心促使我在心中绘制了一张宏大的蓝图：打造全国首家农村一二三产业无缝链接的安全健康体系。

回想起来，这次的创业时而疯狂、时而迷茫、时而风起、时而沮丧，像过山车一般。这谜一样的征途锋利如刀，一次次将我“重伤”。但是我不会放弃，因为我知道我想要的那种生活——要让家人、朋友、老人、孩子都吃上更安全、更健康、更营养的一日三餐，我才会感到生命更灿烂，我才能找到我要的那种幸福……

有付出必有回报，通过六年的努力，我们的爱心事业在发展，目前已形成生态化、多样化、标准化、集约化、便捷化的产业模式。中央一号文件为农村一二三产业融合指明了方向，特别是2017年的一号文，明确地提出重点推广“生产基地 + 中央厨房 + 餐饮”的模式。这让我们前行的脚步更加坚定。

一次偶然的机会，得到中国财富出版社编审团队和郑锋老师的认可，使我有幸参与到这本书的创作过程中，并经历了很多有益的碰撞与探索。感谢郑锋老师利用他的专业思想对我个人和公司团队的指导、总结和提升。

这本书既是对我个人及公司的一次总结回顾，更是对无数关心全民健康，关注农村创业创新，关爱教育事业的各级领导、专家学者以及社会各界的一次主题汇报。在此，向所有给予我鼓励、支持、鞭策的人致以深深的谢意。

希望这本书能给创业者带来一些启发。创业难，二次创业更难，在当下社会里，首先要突破自己，适应新形势，要更追求完美、更全面、更具创新精神。要学会四两拨千斤、悟透融合智慧，还要有良好的心态、强健的身体，才能完成一个时代的历史大业。

我有一个梦想：在政府相关部门的支持下，和更多的创业者一起，让孩子们、老师们以及天下所有人，都吃出营养、吃出美味、吃出健康、吃出满足。创建健康产业利国利民，配送学生营养餐“功德无量”。我们将用三至五年完成校餐整体解决方案，四至六年完成酒店整体解决方案，五至八年完成家庭厨房整体解决方案，一起努力，孝敬老人、关心孩子，让健康的人更健康，让亚健康的人变得健康，让病人身体状况得到缓解。

农村天地广阔，农业大有可为。创业者们，让我们向田间出发！

正德康城董事长　李国

2017 年 3 月 31 日深夜

前　言

融合到底是什么

最近几年有个词比较火，叫“融合”，它已经成为各个行业、各种业态创新变革中的关键词，比如传统媒体与新媒体的融合、实体经济与互联网的融合、传统与现代管理思想的融合、中西方文化的融合……融合似乎已经无处不在。

最近两年多的时间，在“大众创业、万众创新”国家战略的大背景下，我一直执着地投身于中小微企业管理与营销创新的研究与实践中，走访调研了数十家企业，感受到全民智创迸发出的无限活力与巨大力量。在这期间，我得出一个结论：大众创业和万众创新，其实也是一种相互促进、相互融合的关系。大众创业是路径的话，万众创新就是大众创业的结果；换一个角度看，如果上下都形成了万众创新的态势，也会催生更广泛的大众创业。创业之中有创新，创新之中有创业，“双创”在推动新旧动能转换和经济结构调整、经济发展方式转变的同时，又会有力地促进和带动就业，这已经形成了一个有机的整体。

提到“双创”，人们脑海中浮现的场景是疾驰的地铁和壮观的高架桥、装备精良的研发基地、连接纵横的计算机、车轮滚滚的物流车辆，它似乎只和高楼大厦、人潮汹涌的城市有关。然而，有一个更为广阔的天地，在等待着被激活、被耕耘、被重新定义。那里有肥沃的土地、茂盛的作物、绵延的河流、起伏的山脉，还有一双双充满渴望的眼睛……

我是因为写这本书才开始走近农业农村创业者，接触到了“农村一二三产业融合”的概念。融合到底是什么？借鉴、排列、连接、交集？显然不是这么简单。在正德康城这家企业调研的这段时间里，我的脑海中对“融合”这个词有了更全面的认知。这种认知来源于我深入其中的现实体验与思考。因为，在这个企业里，我不仅看到了他们是如何用完善的链条串起三次产业，以超前思维和创新模式融合了三次产业，以及他们在这个过程中构建出的全新生态，还看到了他们在管理中的多种融合实践，比如技术融合、市场融合、营销融合、人才融合等。也就是说，正德康城的李国和他的团队已经找到了融合的规律和技巧，这是一种创业创新的方法论。

在整齐划一、充满生机的农业种植示范基地，在紧张忙碌、创新凸显的中央厨房，在规范整洁、有条不紊的学校餐厅、社区餐厅和超市，我在与这家企业管理者和一线员工近距离的交流中，深深感悟到“融合”的魅力，脑海中逐步形成了“融合智慧”的基本理论框架——融合是通过对两个或两个以上的不同事物发生作用而使其融为一体的现象。它作为动词表现的是行为，作为名词体现的是结果。通过对事物的基因重组、流程再造，实现破界成新、涵养生态。融合是管理的最高境界，只有做到“无时不融合、无处不融合、无道不融合”，资源和渠道才能贯通，新物种与新生态才能形成。一旦达到了融合贯通，那么企业在行进中遇到的困难便可迎刃而解，其绩效也必然跃升。

中央一号文件聚焦“三农”工作，最近几年陆续提出鼓励和引导城市工商资本到农村发展适合企业化经营的种养业、发展现代农业、推进农村一二三产业融合发展等要求，使政策、智力、科技、资本等诸多资源要素向“三农”倾斜。2017 年的中央一号文件，围绕深入推进农业供给侧结构性改革、加快培育农业农村发展新动能提出了具体的要求和路径。这包括：优化产品产业结构，着力推进农业提质增效；推行绿色生产方式，增强农业可持续发展能力；壮大新产业新业态，拓展农业产业链价值链；强化科技创新驱动，引领现代农业加快发展等。在全面提升农产品质量和食品安全水平方面，提出坚持质量兴农，实施农业标准化战略，突出优质、安全、绿色导向，健全农产品质量和食品安全标准体系。在加快发展现代食品产业方面，提出大力推广“生产基地 + 中央厨房 + 餐饮门店”“生产基地 + 加工企业 + 商超销售”等产销模式。

商业资本下乡，不仅带去了资金，更重要的是为传统农业发展导入了新理念、新模式、新技术、新方法。步入农业的正德康城围绕拓展产业链、提升价值链、打通供应链、形成生态链，健全农产品质量和食品安全标准体系，系统性探索“生产基地 + 中央厨房 + N”和“农业抓两头控中间”等运营模式，已经默默地进行了六年多的艰苦实验并日臻成熟，其创新的融合模式在这一历史节点与中央精神高度吻合。从整个结果向回看，正德康城的创业者是有远见卓识的。

拿到全国的涉农企业群体中，正德康城目前的体量规模并不算大，属于“小而美”的案例。但是从整个农村一二三产业融合的各种维度上来看，这家企业已经有了比较全面的实践，以及由此而产生了理性认知。这家企业在三产融合的多个环节均有深度的涉足，并摸索形成了自己一整套的运作流程。所以，正德康城的案例应该能够对涉及农村一二三产融合的创业者提供参考价值。

除此之外，这家企业还为管理学界提供了“融合智慧”研究的鲜活案例。融合带来创新，融合决定成败，融合催生新的物种。有人也许会对“融合智慧”心存疑惑。因为这不是一件具体的事，也不是一台设备、一件产品，而是基于一种独特思维方式下解决问题的方法。真的会有技巧吗？如果真有技巧，那么是不是意味着“融合”有一种公式可以遵循？如果我们能够清晰地提炼、解析这背后的逻辑，那么其价值就放大了，它会对初创者有所启发，避免初创者们走弯路，从而增加其成功创业的可能性。这就是深度挖掘正德康城案例的另一层意义。

我们来看看正德康城都融合了什么、融合成了什么？同时也期待读者从正德康城的成长路径和故事里，找到全新的创业逻辑、创新密码、创富之道。

关于正德康城

正德康城做了什么？

一产绿色种植示范园

二产系统化中央厨房

三产校餐和超市供给

正德康城做到了什么？

一二三产业链接融合

二维码全程质量追溯

三次产业全程标准化

正德康城还想做什么？

研发新六产的精密数据模块

梳理总结三产融合创新模式

推演形成全产业复合生态圈

正德康城想做到什么？

建立面向全国的产学研基地

推进全方位的创新成果复制

构建全生态的大众创业平台

集体荣誉榜

国家级农民合作社示范社

全国农民合作社加工示范单位

山东省清洁厨房

山东省服务业创新团队

食安山东餐饮示范单位

李国荣誉榜

全国优秀农民工

齐鲁乡村之星

感动枣庄十佳人物

最美滕州人

目　录

第一章

一个企业的颠覆与重构

很多人以为，科技仅指具有机械或电子技术等物理特征的研发创新。而硅谷创投教父、PayPal创始人彼得·蒂尔的观点是：“任何新方法，任何可以使事情更易完成的方法都是科技，这才是对科技的正确理解。”

这样说来，以创新思维引领行动，不断颠覆与重构，追求卓越品质的正德康城应该算是一家一二三产业融合的科技企业了。

1 从纠结到好奇 这个创业者有点怪

其实，我是打算要放弃写这本书的！

本来我和出版社策划编辑一起拟定了这个选题，撰写关于正德康城李国的农村一二三产业融合创业创新案例。按理说，进入企业采访、体验，开始独立创作，这对于写过不少书的我来说并不是一件复杂的事。但是一切还未开始，李国就让我充满焦虑，甚至心生厌倦。这是一种很不舒服的感觉。想象一下，作者和主人公开始接触就觉得不愉快、不融洽，接下来的采访、调研如何进行？体验如何深入？创作如何继续？

第一次见到正德康城的创始人李国，是在他们的中央厨房，他正在给几位高管讲授关于整个产业流程的问题。讲着讲着，他会时不时歪着头询问对方：“你明白我的意思吗?”在确信对方明白之后，他继续往下说：“一产如果没按规范化操作，那么，源头的质量就保证不了；其结果，二产中央厨房生产出来的餐品，就难以保证口味、新鲜度和食品安全；二产里面没有创新、没有标准化，那么三产里怎么会出极致？学生怎么可能吃到营养搭配合理、安全健康的餐品？所以，必须是整个流程都做好，避免出现情况，才能确保成功。做我们这行，不能在任何环节有任何闪失，这就是所谓的100－1＝0！”

四十多岁的李国穿着一件格子衬衣，讲话声音不大，面容有些灰暗，一看就属于作息不规律的那种状态。

他见到我客气地说：“您是知名的管理学者、营销专家，以后可要多帮我们企业出主意啊，因为我们压力非常大，遇到的问题很多，需要改善的东西也很多。”

接下来，他用了大概一个小时的时间，阐述他的产业体系和未来构想。他讲得很投入，兴奋的时候会加大手势、提高嗓门。在他讲话的时候，我注意到他多次引述了政府的有关文件内容。然而，说句实话，我当时并没有完全听懂他所讲的意思，也许是由于涉及产业多、跨度大，这其中专业的东西又相对复杂，对我来说比较生疏。看着他在那里讲得津津有味，我总体的感觉是：要点不清晰，有点儿虚张声势，不太务实。

第二天，他打电话约我去茶馆喝茶。他说他遇到一个管理中的难题，需要和我沟通一下。如果谈到企业管理方面的东西，我还是有一点儿基础的，能够很快进入角色。听他叙述了问题之后，我从专业的角度帮他做了简要分析。交流当中，他始终认真地听着，有时也会插话追问。在我讲完自己的观点之后，他开始滔滔不绝地表达自己的观点。在表述中，他提出了若干个假设，希望得到进一步的判断或验证。

我告诉他，因为多年和创业者打交道，很多人在遇到问题的时候会找我咨询。在一些问题的分析上，我主要是基于直觉，而事实证明，在很多情况下我的直觉往往是正确的——我告诉他这些话，是因为我发现他这个人有些谨小慎微、优柔寡断。说实话，在我的内心里更赞同那种雷厉风行、决策果断的企业人士。

接下来的事情更有意思，几乎每天晚上，我都会接到他打来的电话，一般每次都在两个小时以上。电话里聊的是他对企业未来的想法，和目前遇到的一个接一个的问题。我们之间能够围绕某一个管理话题进行深度互动，似乎很聊得来。有时候他也会邀请我到他公司，与他的团队就某一问题进行面对面的沟通交流。

有一天晚上，他突然跑来找我，很兴奋地说：“我想和您谈谈我的一个新想法!”

我的创作室里有块写字板，我们俩一边聊，一边通过写字板书写关键词，并通过连线表达各个词汇之间的关系，这样使我们的沟通更有效果。李国是理论实践都有，但偏于实战；我是理论实战也都曾涉足，但偏于理论。两人骨子里都有固执的一面，说是沟通，其实更多的是辩论，甚至还充满了“火药味”。就是那天，我们竟然从晚上九点一直谈到凌晨三点。谈得天昏地暗、口干舌燥。后来，我们俩都饿了，就跑到大街上去喝夜面。李国说：“很久没找到这种感觉了，我觉得这种观点上的碰撞对我们企业来说太有价值了！说到底这就是一种思维融合、思想融合。”

然而，我一直处在内心的纠结之中。因为我这个人计划性比较强，之前和出版社有约定，所以心思主要放在这本书的策划与构思上，而他却每天和我探讨管理方面的琐碎事情。不知不觉，两个月过去了。他只字不提采访写书的事，而我呢，倒是给他的企业出了不少主意。后来我给他开玩笑说：“没想到，我这个营销专家被你这个企业家给营销了，采访还没开始，却成了你的咨询师。”

他辩解道：“您写我们的创业故事，不是也要了解我和我的企业嘛。这样才能把书写好，打动更多的人。您说是吧?”

我偶然看到一位农合专家在网上写的随记，觉得很有意思。2013 年的一天，这位专家一行从外地赶到正德康城实地考察。看完现场，专家对正德康城的发展方向给予了肯定，也针对一些具体细节提出了意见和建议。晚上吃过饭后，几位客人比较累，想早些休息，第二天就要离开滕州。然而李国突然提出“残暴的想法”，恳请专家在宾馆的接待室给他的骨干员工做培训。李国打电话让员工安排投影仪，专家推脱说不用 PPT（演示文稿软件），其实是内心里面期望这个“临时活动”尽快结束，谁知道李国马上又安排人准备了书写板。这位专家在网络日志中道出了内心的真实感受：“又讨厌又钦佩——讨厌他的不择手段，钦佩他不达目的誓不罢休的企业家精神。”

我平时非常忙，除了工作、读书，自己还运营着一堆自媒体，需要持续地输出内容。一些企业也会邀请我去讲学，或者来咨询。但是最近这个阶段，我被李国占用了大量的时间，甚至已经影响到我规律的工作与生活安排，包括我一贯坚持的健身。而且，他带给我的一个接一个盘根错节的问题，是颇费脑筋的。真是拿他没办法！

渐渐地，我有些疲惫了，或者说是懊恼，因为我感觉无形中被他“绑架”了。在经过纠结的思考之后，我决定放弃这个采写素材，重新寻找。但是，这需要和李国谈清楚，也是起码的礼节。于是，我打电话约了他过来。

一进门，他神秘地递过来一张小纸片，说：“郑老师，您用手机扫扫，看看这是什么。”

我扫了一下那上面的二维码，手机里立刻显示了一些东西……就在那一刻，我的决定发生了改变。我想，我应该继续去深入了解这个怪人，以及他带领的这个团队，到底还做了些什么？

善国热土育新梦
小企业试水大融合

2016年秋天，我在北京参加一个有关健康产业发展的创业者沙龙活动，大家讨论得比较热烈，聊到了产业前景、创业模式，又聊到企业创新与食品安全。创新力不足一直是中小企业发展的屏障，而食品安全则是个更为沉重的话题，因为前些年我们盲目追求规模扩张的时候，忽视了这个关键，使食品安全成为当下的一个致命忧患。

活动结束后，我去拜访了出版社的老朋友们。我们一块喝咖啡的时候，聊起最近的选题，商量准备出一部有关“双创”案例的书。我们给未来书中的主人公画了个像：首先，他一定是置身于县域经济生态下的中小企业创业者，因为这样更符合“大众创业、万众创新”的时代需要，更能展现草根创业的生态与路径，对刚开始踏入创业旅程的群体更有借鉴意义；其次，他必须有足够的理想，理想必须有足够的高度，因为创业时代需要榜样的力量，而这个榜样不能是小富即安、仅仅追求既得利益或短暂成功的；再次，最好是涉及农村一二三产业融合发展的创新型企业。自从国办发〔2015〕93 号文《国务院办公厅关于推进农村一二三产业融合发展的指导意见》发布以来，各级政府开始大力推动农村一二三产业融合，而针对这个领域的创业创新群体中，还没有出现较为完整的深度解析案例。

了解我的人都知道，我是一个行动力很强的人，在这个相对浮躁的环境下，我总清楚地知道自己在某一个阶段，要做什么、怎么做、到达哪里。于是，我就在心中谋划这本新书，开始收集相关的资料和信息。最近几年，山东省枣庄市把推进农业供给侧结构性改革作为农业农村工作的主线，叫响“厚道枣庄人、放心农产品”的品牌口号，在培育农产品品牌、发展农业龙头企业等方面下了很大功夫，一批新型农企在市场中崭露头角。经过一些专业人士的推荐，枣庄市的滕州正德康城企业管理咨询有限公司终于进入了我们的视野。

位于山东省南部、有 170 万人之多的滕州是一个县级市，也是一座历史悠久的文化名城，古为“三国五邑之地”，境内距今7300年的“北辛文化”遗址表明这里是中华民族最早的人类文明发源地之一。这里是“科圣”墨子、“工匠祖师”鲁班的故里。《孟子》记载“从孟子而响应善国之治”，滕文公礼聘孟子施善政，于是这里被称为“善国”。

这是一个充满生机和活力的地方，一块创业和创新的热土。在其发展的诸多客观要素中，重要的一点便是区位优势融合的结果。京沪铁路、京台高速、岚曹高速、104国道和京杭大运河贯通境内。2011年，京沪高铁滕州东站启动运营，宣告着这个城市融入了高铁时代。作为北京到上海的中间段，北上南下更加便捷。因为交通发达，过往的客人多，滕州人进出的也比较多，在这个地方，形成了大量的信息与资源交互，使时代的前沿思想、现代观念得以广泛传播，人们的商业思维和创新思维显得异常活跃。

2017年的日历刚刚掀开，滕州市确立了“聚力工业、城市、农业、生态、民生五大经济转型发展，加快建设宜居宜业富裕美丽文明新滕州”的中心任务。在农业农村方面，提出着眼于特色与效益，以更大力度推进农业经济发展。用发展服务业的理念发展现代农业，把推进农业供给侧结构性改革作为农业农村工作的主线，做大做强生态休闲观光、优质蔬菜、特色林果产业，促进农业增效、农民增收。

滕州市城西的姜屯镇境内土地肥沃，资源丰富，素有“滕西粮仓”之称，物产丰富，农副产品种类齐全。正德康城的绿色种植示范园就坐落这里，它占地1000余亩，高标准日光温室大棚89个、钢架拱棚24个，年产优质蔬菜5000余吨。沿着红荷大道一路向西，远远望去，一大片现代化的钢架大棚鳞次栉比，印有“良心生产健康、正德护佑生命”字样的冷链运输车进进出出，农民工们忙忙碌碌，一筐筐鲜嫩的蔬菜从这里发往附近的中央厨房。

滕州是首批国家现代农业示范区、国家农村改革试验区。有关资料显示，在当地政府大力推进农业农村改革的大背景下，这家叫正德康城的企业过去单一经营数家文化超市，涉农之后用了短短六年的时间，发展成为今天拥有蔬菜专业合作社、绿色种植示范园、中央厨房、校园餐厅和社区餐厅配送一二三产无缝链接的产业体系。

其中，最具创新的板块是他们所开展的学生营养餐项目，以九种服务模式为中小学提供营养餐配送解决方案，最近几年做得风生水起，每天为数万人次的学生提供营养健康的校餐，成为该行业的标杆服务机构，社会反响较好。

少年强则中国强。关心下一代的健康成长，关乎民族素质的提高、国家和社会的未来。由于城乡经济社会发展不平衡，中小学生营养不良问题仍然存在。为了进一步改善农村学生营养状况，提高农村学生健康水平，2011 年 11 月，国务院办公厅印发《关于实施农村义务教育学生营养改善计划的意见》。2012 年 5 月，教育部、中宣部等十五部门印发《农村义务教育学生营养改善计划实施细则》等五个配套文件，对供餐内容与模式、食堂建设和管理、食品质量与安全、创新供餐机制等方面都做了明确的工作要求。

正是当时这一系列政策的出台，为李国探索延长农业产业链、推进农村三产融合提供了契机。在几年的学生营养餐配送实践之路上，他殚精竭虑，倾尽全力，希望打造出一条从田间到餐桌、安全健康营养的学生餐科学供给线。

但是，从农业、到加工、到餐饮，如何摆弄这表面上看起来毫不相干的三个不同产业？从传统商业跨界而来的正德康城无疑面临着巨大的挑战。他们面前的道路是未卜的，很多问题盘根错节，让人望而生畏，就像面对一整面墙上疯长的爬墙虎，根在哪里、哪条茎连着哪片叶，没有任何线索。这三个产业面临诸多风险：都说农业不赚钱，中央厨房是新生事物，校餐食品安全风险更大——选这条路走，就如同天天头上悬着一把剑。除了风险，各个产业之间的关系如何理顺？各种资源如何有效配置？供给侧如何顺应需求端？价值链如何形成……可以说，当时在这些方面根本没有已成的系统经验法则可供遵循，没有成熟的样板模式可供复制。这就意味着，创业者每走一步，都是机会与风险并存，都是一次艰难的探索。这是一项从 0 到 1、从无到有的工程，唯有在摸索前行的征途中把遇到的所有问题各个击破，不断颠覆与重构，才可能把“大融合”这盘棋下好！

3 写字板、投影仪 不像老板像讲师

最近几年，我在管理实践中参与指导的项目以工业、房地产和商贸企业居多。由于我一直以来生活、工作在城市，所以一提到农村和农业，总感觉就是种地啊、养鸡啊

什么的，没有现代感。坦率地讲，我对三农这个领域比较陌生，只是浅显地知道一些简单的词汇，但是并无深入的认知。即使是最近几个月来频繁在有关会议和媒体上被提及的“农村一二三产业融合”，在我脑海里也仅仅是个政策或学术概念。因为要写这样一本书，我才开始恶补这方面的知识，阅读了大量的资料、文件，以及相关的报道，借此了解到比如农民收入偏低、农业附加值有待提高、农村缺乏活力等现实背景，了解到“三农”涉及的诸多内容，以及政府为此所做的战略决策。

在被李国这个怪人“骚扰”了两个多月之后，出于好奇，我决定走近他们，去深入体验一下，看看这位小心翼翼的创业者到底有什么真本事，看看这家企业有多么与众不同。

走进正德康城的最初几天，我是有那么一点点失望的。坐落在滕州西部城乡结合带的正德康城总部，既没有房地产企业的高端大气，也没有现代商贸企业的时尚新潮，更没有互联网企业的个性叛逆。怎么形容呢？有一点土。在简陋的办公室之间，公司的员工个个忙得不可开交，走起路来都是一路小跑。很难想象，就是这样一个看上去并不起眼的小企业，创造了如此显赫的战绩，多次跻身于全国及省市农村创业创新的先进典范行列。

随着体验越来越深入，我渐渐地对这个企业有所了解，最初的认知也发生了改变。第一次听李国谈的时候是雾里看花，逐渐变成了感同身受。我发现，这是一个有意思的人，带着一个有意思的团队，做的一件有意思的事儿。

我和李国的交谈，很多时候都是在会议室里进行的。会议室的最里面是一架投影仪和一块陈旧的写字板。谈话间隙，我顺便到他的董事长办公室看了一下，办公室里有些灰尘，看样子他很少待在这里。书橱里放着厚厚一摞荣誉证书。其中有两个荣誉是李国比较看重的，一个是 2016 年 2 月国务院农民工工作领导小组授予的“全国优秀农民工”，还有一个是 2016 年 12 月农业部推介的“全国 100 个农村创业创新优秀带头人”。

他平时商讨工作，喜欢找张纸在上面画，或者在写字板上写。后来我才明白，因为产业跨度比较大，他的想法又新颖独特，他希望通过图表来反映出他想表达的意思。我呢，因为经常讲课，也喜欢用图表来解析复杂的东西。有一次，我们俩在一家小餐馆吃饭，聊到“互联网 + 农业”方面的问题，非常兴奋，看客人走得差不多了，于是和这家餐馆的老板商量，把他们书写时令菜单的小黑板借给我们用一下，我们边写边讨论。“身为创业战士，何处不是战场？”到后来，我们俩只要在一起讨论公司的事情，一定会随身带着纸和笔，或者找个带黑板的地方。

经历了一段时期，当我多次来到这家公司之后，才验证了我的想法——李国在公司的大部分时间，几乎都是在会议室度过的。高管决策会、部门沟通会、员工内部培训，一个接着一个。很多时候，他亲自上阵讲课，投影仪和写字板的使用率非常高。

我列席参加了他们几次中层干部培训会。李国讲话的时候，会一改平日所见的“温柔”，简直可以用彪悍来形容。讲完之后，他会要求每位参会者站起来分享自己的观点。如果分享得不够好，他就立刻“粗暴”打断，并要求其思考后再次分享。也许是多年坚持培训学习的结果，切配、面点、西点等车间的负责人都是厨师出身，这些靠手艺吃饭的人现在都能从企业管理、用户需求等方面滔滔不绝讲上一番。我给快 50 岁的巩永师傅开玩笑说：“你是我见过的最会讲话的厨师。”

在公司下达重要事项决策之前，他们一定事先通过头脑风暴的形式进行思想碰撞。公司组织相关人员，把计划决策的初步想法抛给参与者，逐个发言，然后现场分组商讨。小组的结论出来之后，再回到会议桌前，开始阐释结论。好的结论提出者，在现场会得到公司给予的现金奖励，50 元、100 元、500 元，或者是 1000 元。

最能激发每名员工思维细胞的是部门创新会。部门创新会针对时下需要解决的具体工作问题，很有实战的味道。有一次我参加他们的财信部门创新会，李国讲："财务不仅是一门专业，更是企业科学管理的关键所在。如何通过优化流程，挖潜成本，提高绩效，是你们这个团队需要不断解决的问题!"创新会上，每名参会人员都通过投影仪播放自己的方案，并进行阐述。这一次，员工柳培培获得了第一名，拿到了这周的创新奖金。这样的会议，正德康城总部的科室，每周都在召开。

我问李国："这样紧张的节奏，员工能否吃得消?"

李国说："我们做农村一二三产融合创业六年的时间里，都是摸着石头过河，直到现在还有很多需要提升和完善的地方，时间不等人呐。特别是产业消费端涉及食品安全，更不能掉以轻心。"

一般而言，员工的内心对会议这种形式是抵触的，所以很多企业的内部会议效果并不好。那么正德康城如此高频率的会议和培训，会不会沦为一种形式？

李国解释道："在某个环节发现了问题并提出解决方案，如果仅仅是当事人知道，今后别人在这个环节还可能犯错，所以会议和培训作为一种必要的沟通形式是不可少的，相关工序的人员和部门主管都应该清楚问题出在哪里、如何解决、怎样避免。不让会议和学习成为形式化的最好方法就是让每个人都参与进来。比如，我会让每个人分享观点，如果他不认真听、不独立思考，就无法完成分享。"

后来我们曾经一起谈过理想。那是在经过了一段令人疲惫的磨合之后的某个周末，我们一起在茶馆喝茶。过了不惑之年的两个老男人一起谈理想，有种怪怪的感觉。我告诉他，我希望退休以后，到大学的管理学院、商学院，当一名老师，把经历的这些实战案例和自己的管理思想分享给学生们。

他听了之后，露出孩子般的笑脸，说："我也是这样想，我希望未来在正德康城的培训学校里给新型职业农民

当讲师、给新型厨师做培训、给孩子们做‘食育’教育。”其实，有很多学校和研究机构试图请他去讲课，但是都被他婉拒了。他的企业还处在初创期，有太多的事务缠绕，无法静心，也无法脱身。

任何一项创造都不是凭空而来的，学习是创新与创造的基础，学习的过程也是自身知识与他人思想、自我实践与他人经验融合的过程。在这个日趋知识化的社会和专业化的市场里，学习力已经成为组织成长的关键因素。员工的学习力，取决于这个组织的学习氛围。这个组织的学习氛围，则取决于它领头人的学习力。

4 从田园到餐桌 “农”字撇捺拉得长

学习的成果需要在实践中发挥作用，才能体现出价值。正是这种基于“实战应用”的理念，正德康城的创新思想才得以落地，精彩的创造才不断呈现。

正德康城拉长蔬菜产业链，被定义为业界超前的经验，也被多家媒体报道过。作为创业实践者，他们是如何冲破羁绊，把产业链条串起来的？所谓的一二三产业融合，到底是怎样一种形态？

当李国引领着我从他们的绿色种植示范园开始，到中央厨房、校园超市、社区超市，以及他们服务的实验小学、西岗镇和界河镇的中小学、山师附小滕州分校等校园餐厅走了一遍的时候，当我知道他们每天为数万中小学生提供营养餐，为居民提供社区餐的时候，当我知道他们同时运营着数十家校园超市和社区超市的时候，我的脑海中形成了这样一个大概的轮廓：以绿色种植示范园为基础，采取“蔬菜专业合作社＋农户”的方法实现规模化生产，各种新鲜蔬菜果品通过冷链运输至中央厨房，集中进行初加工，再被配送到分中央厨房，最后再到市场终端——校园餐厅、直营快餐店和社区超市。更为重要的是，从田间到餐桌的整个流程，全部达到了“四化”，即生态化、标准化、集约化、产业化（见图1－1）。

倒过来思考一下，他们这样做解决了哪些问题？解决了农民种菜收益低的问题，保证农产品达到绿色或有机标准的问题，蔬菜果品新鲜度的问题，传统餐饮烹制效能低

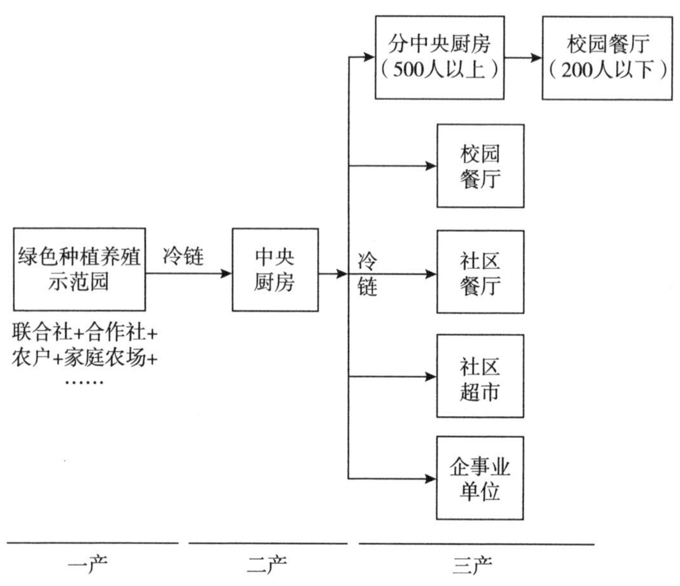

图1－1　农业生产基地＋中央厨房＋*N*

的问题，而全程的标准化又解决了全社会最为关注的食品安全问题。

“标准化”和“食品安全”，是在李国口中使用频率最高的词，他认为标准化是各产业有效衔接的一组链条，没有标准化就难以形成批量规模。他说：“如果一个人按照自己的经验去生产、制作或者服务，他的个人喜好、习惯、情绪、身体状态等因素都会影响到产品的质量。最可怕的是，有些传统的制作工艺、操作习惯和现代科学知识是不一致的。我们从田间到中央厨房到餐厅，都采用了标准化管理。科学的标准化让人为因素大大降低。”

什么是标准化？通过对重复性的事物，制订、发布、实施统一的标准，以获得最佳秩序、提高工作绩效。我就在想一个问题，标准化和创新，从词意上看是矛盾的。标准化意味着必须按部就班、严格执行规程，而创新必须对标的物进行改变。经过调研与思考，我找到了创新与标准化之间的逻辑：他们的创新实际上是在进入批量生产流程之前，把研发放在每个产业的前端，研发创新的结果出来了，再进入批量的产品复制。复制的过程，必须是按照要求严格遵守的。

比如在中央厨房这个环节，传统的餐饮烹制方法在食材及作料的使用中，经常会用到“少许”“适量”等词汇。这就意味着在具体的操作中，烹饪技师可以按照自己的经验和想法掌握“量”。而在标准化的制订与执行中，对重量标注到“克”、对水温标注到“摄氏度”，各种原料配比和操作过程都有严格的要求。今天的菜做得比昨天的好，是因为通过反馈，进行了改进，即进入二次创新研发，然后又成了新的标准，以此类推。这个逻辑就形成了。所以标准化是动态的，是不断提升的（见图1－2）。

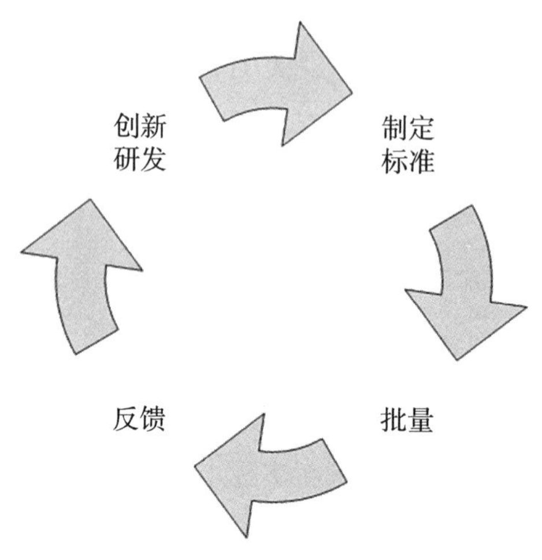

图 1－2　创新与标准化的循环

中央厨房在从田间到餐桌的整个产业流程中，起到了关键作用。这里是透明式无菌生产车间，采用紫外线消毒，上班前半小时、下班后半小时消毒，生产车间的进出采用“人脸识别系统”严格控制。采取电脑智能控制，机械化集约生产，智能化选菜、洗菜、切菜、配菜、加工成品或半成品。按照统一的品种规格和质量要求，从种植园采来的原辅材料，在这里加工成成品或半成品。经过严格检测的各种成品或半成品进行统一包装后，配送到各个门店或分中央厨房、校园餐厅。在配送过程中，全部采取冷链运输。

在标准化的实施推进过程中，科技与设备优势变得越来越重要。标准化内容是通过人脑制定的，而通过智能设备的批量执行，提高了产品质量的统一性、稳定性，也提高了工作效率。

在全产业的构建中，正德康城先做的农业。把农业做牢了，再以此为基础向二产推进。二产的中央厨房技术水平与生产能力达到一定标准后，又以此为基础向三产服务业进军，在校餐配送这一领域实现了全面突破，同时也宣告了全产业链的形成。

不过，这都是人们看到的表象，形式只是手段，思想才是先导。从企业运营的角度上去分析不难发现，市场思维、商业思维才是他们整个产业构建的关键。市场思维和商业思维，说到底就是以用户为核心。你知道用户在哪里，知道用户需要什么，所有的一切战略和战术都围绕这个去布局、实施。这种判断使我们得出一个结论：正德康城其实是先看到了市场，先瞄准了用户，然后通过倒推，向农业进行逆向融合。同时，在这种需求端的引领下，农业也向着三产顺向融合。（关于融合方向，在第二章的对话中有进一步阐释。）

几乎每周，都有外地的农业农村创业者、校餐配送服务机构来正德康城学习考察。有人说，这个模式很清晰，做起来简单，就是种块地、弄个加工车间，最后把餐送到学校不就行了。外地有位创业者来参观完正德康城，回去就按自己的想法去做了。一年后，那位创业者来找李国求助，说他在家乡投资了500多万元做这个项目，一年下来赔了200万元。李国告诉他，问题出在管理上，理念和模式是外框，想要成功更多需要精细化执行。看着简单，具体到实战运营中，这背后的东西太多太多了。

懂书法的人都知道，写字的功夫在于千万次练习，还要加上内心的悟性。正德康城把产业链从田间拉到了餐桌，这一撇一捺看似龙飞凤舞、一气呵成。事实上，这里面的付出非常人能够体会，必是经历了一笔一画的琢磨，一招一式的习练，才有了今天的挥洒自如。

产业链形成了，规模效应凸显了，看上去好像可以高枕无忧。恰恰相反，李国反而睡不安稳了。自从他们的创新让田园与餐桌发生了如此紧密的关联，在三产端服务于数以万计的学生，“食品安全”这四个字便深深地镌刻在了创业者李国的心头，一刻未敢忘记、一刻未曾忘记。

在这条长长的产业链上，李国总结出确保食品安全的

“十六关”。只有把好这些关头，才能保证质量安全。这十六关是：采购关、选种关、育苗关、生产关、摘采关、保鲜关、验收关、运输关、储存关、清洗关、加工关、消毒关、留样关、用餐关、现场关、应急关。外人听着都感觉累得慌，可想而之，这每道关的把控、细节的落实，要凝聚这个团队的多少智慧与汗水，责任与担当。

5 小小二维码 校餐安全做到家

“民以食为天，食以安为先。”食品安全牵扯到千家万户，而校餐的安全更是重中之重。正德康城每天为数以万计的学生供应餐品，责任重大，作为配送服务方的压力可想而知。李国不断地对员工讲，做校餐配送就要始终保持“战战兢兢、如履薄冰”的态度，他要求任何人、任何时候在食品安全问题上都不能掉以轻心。但是，随着供餐量的不断加大，单靠“人管人”和“制度管人”还不够，依然会存在风险。标准化是一道防火墙，两头检测是二道防火墙，带有安全自检功能的精密餐厨设备是三道防火墙。除了这三道墙，李国一直在思考如何融合科技力量，来实现更加精细化的全程监控。于是，一个以食品安全为关键词的新研发项目在正德康城开始启动。

正德康城的团队执行力是比较强的，而且具有超级的抗压能力。项目一经确立，技术研发小组便投入到攻关中。出思路、拿方案、搞设计，雏形模板送到李国手里，李国立刻提出了一连串的质疑。在这位“强迫症”老板的质疑中，团队成员挑灯夜战，每天加班到深夜。据说，一个多月的时间里，这个项目方案被李国否决了六次，研发人员几乎都要崩溃了。第七次，李国脸上才露出了笑容：“嗯，这才是我们想要的!”

这是一个看上去普普通通的二维码，但是里面的信息量却足够大。他们通过对公司一二三产的流程梳理，用信息化手段将每个节点进行信息录入，利用二维码生成技术将数据整合，形成了这个二维码全程追溯的研发成果。

当初，我准备放弃写李国和正德康城故事的时候，打电话约他见面。他神秘兮兮地递给我一张小纸片，上面就是这个二维码。我拿手机扫了一下，二维码导入的页面，显示了餐品名称及其种植、加工、运输、烹制等过程中的时间节点、相关责任人、检测结果，还附有图片格式的检测报告——就是这个二维码，让我决定深入地走进这个团队，期待从里面发现更多的东西。

李国兴奋地告诉我，他们团队研发的正德康城产业全程二维码追溯技术已经实现。如果这项技术成果应用到正德康城的产业流程中，就意味着实现了从种子到餐桌的全程追踪。

此前我看到过关于食品二维码追溯技术的报道，但大部分是政府部门主导的体系与平台，作为一家企业自己主动研发这项应用，表明其理念是先进的，也显示了企业的质量自信。我看了之后非常兴奋，但是也表达了这样一种担忧，因为成果一旦应用，消费者是放心了，但是企业的压力反而会加大，这意味着餐品生产加工及配送的全过程，以及这之中使用的所有原材料都将高度透明化。

李国说："这正是我们企业需要的效果，也算是一种倒逼机制吧。我们用这个二维码来主动接受社会监督——因为每个环节都有信息录入，那么在这个流程中所有的员

工行为、公司行为都将被记录和被监控，我们只有按时按规程操作，才能确保无食品安全之忧。”（见图 1－3）

图 1－3　正德康城二维码全程追溯示例

第二周，正德康城服务的校园餐厅餐盒上便多了样东西，就是这种二维码。这个成果一经推出，立刻引起了社会的广泛关注，学生家长们赞不绝口。有一位姓陈的学生妈妈说：“孩子的午餐一直是我最担心的事儿，每天回家我都会询问孩子在食堂吃的什么，吃得怎么样。有了这个二维码，学生餐的原材料和制作过程清清楚楚，这下我们放心多了。”当地的媒体对正德康城二维码成功应用进行报道之后，中国教育报、齐鲁晚报、山东教育电视台等媒体记者纷纷来到正德康城，对他们的二维码追溯体系和校餐配送创新模式进行了采访报道。

有一位政府部门官员评价得很全面，他说："正德康城产业全程二维码追溯技术成果的形成，是响应国家关于农村一二三产融合发展倡导的落地实践，是强化食品安全生产自我监督体系的科学突破，是打造学生安全放心营养餐的技术流程再造，是互联网+在产业发展中的一次创新应用。"

6 冬天的草莓红艳艳 市场思维进田间

冬天是萧瑟的季节，按常理说田地里应该毫无生机。

2016年12月下旬的一天，正德康城农业部经理田园给我打电话，邀请我去他们的绿色种植示范园看看。田园之前负责财务部工作，前段时间公司把她调到了种植园。用她的话说："俺现在种地去喽。"

我和她聊起"种地"的感受，她告诉我，起初被公司派到种植园有些想不通，觉得好像被下放到农村去了。渐渐地，随着工作的逐步深入，她越来越感觉到，种植园担负的责任对于全产业来说太重要了，不仅要把好食品安全的这第一道关，确保作物达到无公害或者绿色标准，还要在产业层面上学习、创新，提高农产品质量、产量和效益。当然这里还有一点附加的“福利”，田地间空气新鲜，视野开阔，感觉心情很舒畅。

我对田园说：“你一定能把绿色种植示范园管理得更好。”

田园疑惑地问：“为什么？”

“你的名字叫田园，看来你和土地、种植是有机缘契合的。”

田园原名叫田晓媛，后来改名田园。她被称为正德康城的才女。她学过计算机，做过平面设计，擅长写文案，进入正德康城后做了多年的财务，现在是绿色种植示范园的负责人。稍稍留意，我们就会发现，每个人的成长经历与性格养成，其实也是一个融合的过程。积累经验，接受教训，汲取知识，受教他人，不断地进行自我纠偏与调整，最终才成为每个独特的自己。

田园引领我走进了一个钢架大棚。阳光透过棚顶散落在土地上，在这个寒冬里倍感温暖。我放眼一望，一枚枚硕大娇艳的草莓矗立在枝头。“草莓结了！”我不禁脱口而出。

我顺手摘了一个大草莓，放到嘴边又犹豫了一下：“能直接吃吗？”

田园说：“放心吧，这个基本上能达到有机了。”经过她的详细介绍，我了解到他们采用了立体种植和平面种植两种模式，运用无土栽培和水肥一体化技术，借助无污染营养基质，利用蜜蜂天然授粉。在草莓的膨果期，用牛奶、红糖和水进行配比后喷洒，直至成熟。这样养出来的草莓味道特别好吃。

我尝了一口传说中的“牛奶草莓”，味道果然很甜、很鲜美。

常规的种植，草莓的成熟季在五月份前后，那时候农户的草莓都收获了，市场供应量大。而价格呢，大概也就是几元钱一公斤。正德康城选用了优良的品种培育，利用反季节种植，草莓在元旦前后收获，价格能比应季时期翻好几倍。立春前后的时间，城市里的很多家长会带着孩子来到田间采摘草莓，使农事体验又融入了亲子活动。这就是他们用市场思维来经营农业、提高效益的一个实践例子。

农业供给侧结构性改革，听起来好像很生涩，但仔细一琢磨，这个引导太在理了。市场需要什么，地里就种什么，这叫品类选择；消费者有什么样的需求，地里就怎么种，这叫品质要求；什么时候收获能赚钱，就奔着那个时间种，这叫差异化经营。

“庄稼之人不得闲，面朝黄土背朝天。”这是传统农人的真实写照。风吹日晒，辛苦耕耘，怕天灾，怕虫害，又怕市场行情不好。

我看过一篇让人“心塞”的报道：一位小伙子为了给老母亲治病，和同村村民合伙种植了 30 亩大白菜。包括肥料、租地、农药等支出，每斤大白菜成本约为 0. 33 元。依照以往的市场行情，如果每斤收购价达到 0. 5 元，他就能纯赚 2 万多元。然而，到了收获季节，他却陷入悲伤之中。他说：“很难卖，2 角钱一斤贱卖都没人要，如果再卖不出去，我只能眼睁睁地看着菜烂在地里。”他说这话的时候，其实一侧 10 亩的菜已经腐烂，只还剩下另外的 20 亩。

不仅农户种植不容易，就连一些专业合作社，在农业的探索实践中也遇到了不少问题。某县的一位茶叶专业合作社理事长2013年回乡创业，流转茶园近4000亩，组织了180多户农户共同发展有机茶叶种植。但是随着茶叶市场的快速发展，茶客们对茶叶品质要求越来越高，市场起步相当艰难。为了打开市场，他们将茶叶进行了深加工，制成绿茶油、绿茶酒，即使这样，销售情况还是不容乐观。

正德康城的起步同样是艰辛的。它从商业步入农业，一波三折，磕磕绊绊一路走到今天。但它也是幸运的，它靠着不断地颠覆、创新与融合，蹚出了一条阳光大道，终于踏上了希望之途。

在正德康城的绿色种植示范园里，什么时候种什么菜、怎么种、种多少，都是经过研究确定的，而且形成了一整套系统的科学种植流程，就是我们说的标准化。正德康城自己的农业研发人员、外聘的农业专家都会参与到这一系列标准制订的过程中。在一产农业中，他们融合了市场思维、企业管理思想，融合了现代科技与传统农耕文化，使农产品供给变得更加科学、合理，更加顺应和契合用户需求，使综合效益得以数倍地提升。

7 带头大哥搭平台 大众创业舞起来

在这家公司里，随处可见的一句口号是“为耕者谋利，为工者兴业，为食者造福”。口号这个东西，是最容易变成形式主义的，员工天天看，时间久了便熟视无睹。好的口号是激励，是提醒，是一种沁入内心的文化，这样才会变成员工自觉的行动。正德康城团队成员的一言一行、每一道细致的流程，以及这些行动带来的丰硕成果，无不体现了对这句口号的深度解读和现实诠释。

我在正德康城农业基地体验的时候，看到绿色种植示范园的一个收购点，正德康城的技术人员正在利用便携式检测仪对农民收获的芹菜进行农药残留检测。通过检测的芹菜以每公斤高于市场价 0. 2 元的价格被正德康城全部收购，让这位农民喜上眉梢。为了保证中央厨房的供应量，正德康城以绿色种植示范园为基础，采取多种方式与农户进行合作。比如由农户承包正德康城建设的大棚、合作社收购承包者的农产品；比如采取合作社 + 农户的方式进行规模化种植，合作社与农户签订协议，农户按照技术标准进行种植，种出的蔬菜又好看又健康，收获期公司检测合格后以高于市场的价格收购。这样，既保障了供应量，又保证了质量，还增加了农民收入。

正德康城绿色种植示范园主要采取“抓两头、控中间”的模式去管理，为合作农户统一提供种子、农资，指导农户进行标准化种植，合作社统一收购。他们带动合作社社员 150 多户，每户社员年增收 5 万多元。同时辐射周边农户达到 500 户以上，每户年增收 2 万多元。

承包大棚的农户，收益更是明显。一位农民承包了正德康城的两个大棚，种西红柿和茄子，一年能收入 10 多万元。另一位年轻点的种植户承包了六个大棚，一年能收入 30 万元左右。

既然是示范基地，就要起到示范和带动的作用。除了带动农户种植蔬菜用于中央厨房的供给，他们还指导帮助愿意到农村一展身手的年轻人创业创新。在他们的农业基地里，有几个大棚内种植的是多肉植物，消费者三五成群结伴到大棚里去选购自己喜欢的植物，生意非常红火，这些都是正德康城针对大学生下乡创业的孵化成果。

往深处去想，承包大棚的农民、与合作社签约的农户，其身份也已经发生了变化。他们已经不再是传统意义上的农民，而是依靠农业技术组织生产，通过合作社向中央厨房输送产品的农村小微创业者、职业农民或者产业工人。

不仅如此，正德康城的整个产业体系，还带动相关边缘产业的创业者，一起创业致富，同时随着企业规模的扩大，在各个工序流程中不断创造新的就业岗位（见图1－4）。

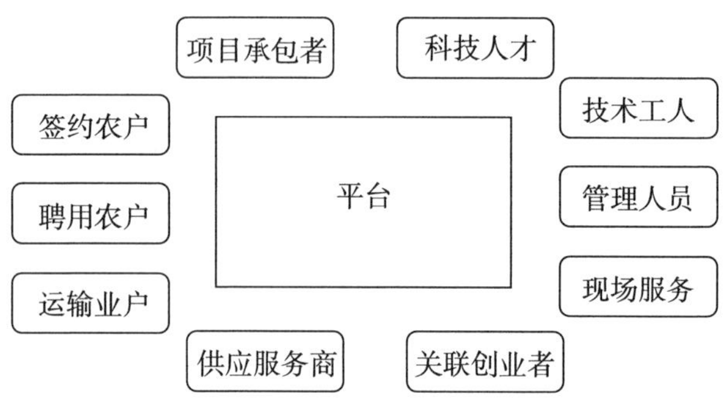

图1－4　带动创业就业的平台

置身于这块芬芳的土地，我眼前浮现出这样一个场景：一艘大船缓缓地在水面行驶，无数的小舟在周边漂浮。小舟上的渔民轻轻哼着小曲，在撒网捕鱼。朝阳就在水的那头，映射着人们忙碌的身影，那份和谐温馨，让人感动。

8 变变变 老总带着团队变

发展到今天，正德康城像是农业企业，又像是加工企业或者餐饮服务业，还像是三产融合的研究机构。无论它的产业业态多么丰富，但终究不能脱离企业的本质。一个企业组织，如果没有管理创新，或者管理创新的步伐跟不上时代的脚步，都有可能被淘汰。

正德康城引入了全面质量管理、PDCA（质量环）、精益生产、卓越绩效等管理思想和方法。同时结合自身的组织特点，不断地对这些管理方式进行融合创新，以期达到更好的效果。

正德康城这么多直营门店，这么多配送餐厅，数百名员工分散在各个场所，总部如何进行现场管理呢？我听李国介绍，他们设立了巡查的岗位，由专职的巡查员到各个门店、服务场所进行巡查、督导，发现和解决问题。这当然还不够，公司的副总徐莉打开手机，给我展示了他们的门店实时监控系统，各个服务现场都接入了视频，管理者可通过手机 24 小时随时查看。

正德康城的事务管理使用 OA 办公系统，财务全部采用电子信息化结算。以前的财务就是单纯的财会部门，主要负责账务处理和结算，现在融合了营运、财务、信息的综合职能，突出“管理会计”的属性，利用财务会计资料、营运数据对公司的管理与经营活动进行分析和规划，成了公司决策的有力助手。

公司总部原来有九大部门，李国就琢磨着做减法，将其融合形成三条工作线和一个共管部门。三条工作线一是农业绿色种植示范园，二是快餐店、社区超市和校园超市，三是学校营养餐厅和学生奶配送，共管部门是中央厨房。

他们有个理念，就是“不把员工当员工”，而是当成事业合作者、内部创业者、流程和质量的监督者。正德康城的产业线长，整个流程当中有大量工作需要去做，这就是一个不断发现问题、研究对策、弥补漏洞的过程。但是如果公司领导层每天去应对这么多技术层面的具体问题，就会分散精力，更重要的是当员工养成把问题交给领导的习惯，团队就会失去创新的能力。于是，正德康城在内部建立了一个“110 微信群”，员工在第一时间把问题发布到这个群里，相关责任人必须在群内予以回应，这样 110 群便成为一个探讨和解决问题的平台。他们还创设了红包奖罚制度，每位员工都有责任去发现上下游工序的错误，失误者将被罚微信红包，奖给发现问题者。在管理中，通过这样的机制，把过去单纯的垂直监督变成了互相监督。

说实在的，在正德康城体验的这些时间里，作为一名管理研究者，从第三方视角去观察这个组织，我发现他们还是存在着不少问题的。当然，有些问题是一个企业在摸索行进过程中必然遇到的问题，需要用发展的眼光、发展的理念的去逐步解决，不断提升与完善。

按照他们的过去的模式，李国事无巨细，大事小情都要参与。他不停地开会，不停地指挥具体的工作事项，不停地带着团队学习、展开头脑风暴。我半开玩笑地说：“李总，你知道你和企业的未来吗?”

李国说：“当然知道了，把这种创新模式通过咨询的形式复制给更多的地区、更多的创业者，让创业者享受创新成果的红利，带领农户提高致富本领，让更多的学生吃上安全、健康、美味的校餐。”

我不无忧虑地说：“未来是你的企业在一天天做大，当它达到一定规模的时候，你也被累垮了。”如果创始人在企业中的作用无可替代，企业是存在风险的。一个强大的组织必须在内部形成攻坚克难、自我修复、良性复制的生态，这个组织才能进入能量爆发期，从而迅速成长。

我给李国的建议是采用“问题导向工作法”。我举了个例子，过去，你让下属去A处做一件事，你会告诉他，从哪条道走，去办什么事，怎么办。而现在，你手下的管理者已经通过了六年多的历练，你可以实验性地放手。“你就明确告诉他，你需要的目标、标准和时限。”事实上，有一条通往A处的道路，可能比你指定的道路还要快捷，这意味着从效率和质量上都有提升的可能。这样，可以调动员工的参与感，充分发挥员工的创造力。

为了这个事儿，我们一起给正德康城的高管们开了一个会。这个会不解决具体工作事件，而是通过碰撞找到更好的工作方法。我们设定了一个以问题为导向的解决方法模型：公司董事会或总经理提出问题，分管这项工作的副总针对问题提出目标和时限，并与总经理进行沟通，确定后下达给中层管理者；中层接到这个任务目标，需要拿出规划路径的意见并与副总沟通，副总与中层一起进行优化、确定这个路径，然后中层指导员工执行；员工在执行过程中接受上一级检查并予以修正（问题导向与层级管理见图1－5）。

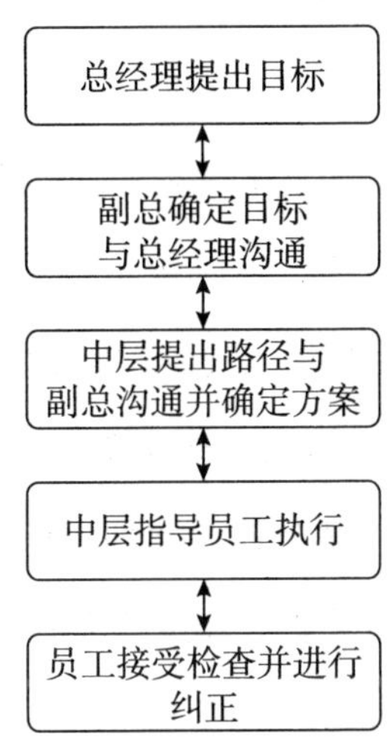

图1－5　问题导向与层级管理

管理大师彼得·德鲁克最先提出“目标管理”概念，以成果为检验标准，员工参与管理、以自我管理为中心，强调自我评价、重视成果。我和李国一起探讨，管理方法也是需要融合的，结合问题导向和层级管理模型，在过去他们使用的 PDCA 质量环管理模式中，强化了目标与结果的考核作用。

过了几天，我注意观察李国的改变。当下属带着问题来的时候，李国不再急于给出答案，而是反问：“你认为这件事应该如何解决?”

老总工作方式的改变，具有导向意义。很快，干部们就学会了心中带着几套解决方案来汇报问题。

正德康城的产业模式和流程做得很棒，三个产业之间的衔接非常好。六年来，李国俯下身子研究产品和服务模式，达到了痴迷的地步。只要你聊起种地、标准化、做餐，他就十分兴奋。然而，企业管理中有用力均衡的问题，因此也会在有些环节显示出他们的薄弱。比如企业文化塑造、品牌管理等方面，就是他们的短板。

当地有一家企业是做礼盒食品的企业，我曾经帮他们做过系统的企业形象提升。李国提出要去看一看，学习一下。于是在一个周末，我和李国带着他的管理层人员去了这家公司。我们一起参观了这家公司美丽的厂区、生产车间、电商部、商品展示间。晚上聚餐的地点，我们也特意选在一家刚通过 4D 验收的餐饮标杆企业。正德康城这些来自绿色种植示范园、中央厨房、社区超市、校园餐厅的管理者们，在这种现场氛围中，一边感受、一边讨论，一场晚餐成了现场学习分享会。

从这几个小案例中可以看出，李国的心态是开放的，他善于接受别人的意见和建议，同时也很善于借鉴别人的成功经验。在管理中，李国擅长把多种管理方法融会贯通地使用，用他的话说就是“迷踪拳”。他聊起最早的启蒙源于一部电视剧《霍元甲》，他小时候在农村住，家里没有电视机，为了看这部片子，只好跑到七八公里之外的煤矿生活区。他说：“霍元甲就是融合了多家武术拳法的精髓，形成了自己独创的武功门派。”

老板带头变，团队跟着变。员工进步一小步，企业进步一大步。如果一个组织和它的团队，每天都在发现问题、克服困难，破除屏障、颠覆创新，每天都在向着好的方向发生变化，那么，它必定日渐强大。

【对话】创新精神与品牌意识

郑锋：你知道吗？其实有时候你是很讨厌的，比较纠缠人。不过看你做企业如此痴狂和辛苦，似乎一切又都可以理解。哈哈。

李国：我只是希望不放过任何机会，把所有对企业有利的因素都挖掘出来，把每件事都做到极致。

郑锋：工匠精神的要义就是不断追求极致。那么，你们做到极致了吗？

李国：极致是一种愿望，或者说是一种标准。今天无人超越，也许算是极致；明天被超越了，就失去了这个地位。所以，创新是一刻都不能停止的。只有这样，才能保持领先。

郑锋：就是说，不要等到别人超越了你，才想起去追赶，而是要不断地超越自己。

李国：是的，这是企业发展的内在驱动力。

郑锋：在具体的工作中，你们是如何实现创新的？

李国：第一，是发现问题。事实上，企业在行进过程中，总会不断地有问题出现。那么我们就围绕这些问题研究创新。创新结果出来了，问题就解决了。换句话说，“创新就是不断解决问题的过程”。第二，解决问题的方法，我们拒绝平庸的答案，敢于另辟蹊径，从众多的方案中找出最好的方案，再进行优化。第三，是创新的迭代。所有的创新都是有实效性的，我们要求团队在原来的成果上进一步创新。

郑锋：创新是需要投入的，不仅是团队的时间成本、智力成本，还需要烧钱。比如你研发了一款做面点的设备，用了没一年，在这个基础上又研发了新一代出来，如果过去的设备没有改装价值，就成了废铁。创新投入和企业追求利益最大化之间的矛盾，你怎么看?

李国：一个企业如果想走得更远，就不能把目光盯在眼前的利益上；一个企业想不被打败，就不能故步自封。即使现在做到了行业老大，枕在功劳簿上睡大觉，可能一觉醒来就被“干掉”了。据说，华为的研发投入占营收比例从过去的10%提高至15%，产品创新才是华为领跑的真正原因。

郑锋：说到产品创新这个话题，在你们的企业实践中，既涉及产业创新，也涉及商业模式创新，还涉及产品创新，你觉得哪个重要？

李国：我觉得都重要。在产业创新中，我们注重的是由“连”到“融”，就是从连接到融合；在商业模式创新中，我们注重由“连”到“链”，后边这个链是价值链；在产品创新中，我们注重由“人”到“心”，用营养学、烹饪学、中医学的专业知识融合到一起，来解决人们吃得安全、吃得健康、吃得可口的问题，并通过产品介质来关注消费者的内心。

郑锋：关于创新的思考方式，我曾经做过总结，第一种是延展式思考，固定现有的产品或服务核心，从内核和外延两个方向进行延展思考，采取递进式的创新。第二种是逆向式思考，保持目标不变，朝相反的方向进行思考，寻找可能更有效的抵达此目标的路径。第三种是颠覆式思考，打破现有的产品、服务、目标，粉碎清零，重新融合相关要素，生成新的东西。创新的最高境界，便是颠覆式创新，它不是模仿、复制与提升，而是从0到1，从无到有。

李国：是的。颠覆式创新是一种融合再造，它可能创造出全新的“物种”。

郑锋：创新能够打造优良的品牌，这里要解决一个问题，正德康城到底是做什么的？这段时间我对你、对正德康城有了一些了解，但在你自己心中，如何定义这个公司？是农业企业，还是加工型企业，或者是商贸服务企业？

李国：我们涉及科技研发、农业种植、加工生产、物流仓储、教育培训等业态，消费端有超市、校园餐厅和社区快餐，是一家产业线比较长的综合性企业。

郑锋：在过去，综合性企业代表着规模和实力，它进入市场的方式，形象地说是“切入”。而现在社会与市场分工越来越专业化，细分领域更能深耕细作，竞争需要一个尖利的“锐点”来“刺入”市场。

李国：没错，非常形象！我们也需要这样一个锐点。目前看，学生营养餐项目是我们的锐点；而长远的战略，则是打造正德康城的健康产业生态。

郑锋：如果产品锐点在餐桌上，那么你目前的三个产业之间存在着怎样的关系？

李国：一产强基础，突出绿色健康生态的主材供给；二产提产能，以标准化、集约化、机械化确保产品品质、提高绩效；三产增效益，再反哺一产和二产，增加创新研发。一二三产循环融合，实现内涵式发展。

郑锋：从企业的视角，你如何理解内涵式发展这句话？

李国：反观自身，弥补漏洞；苦练内功，优化流程；降低成本，提高效益。一个企业自身强壮了，才有力量竞争、发展、提升。

郑锋：就像一个人的身体，需要通过一系列调节来增强机能，外在的是营养饮食、合理睡眠、适当运动；内在的是不良情绪疏导、调养心念。只有当筋骨、脏器和精神都达到和谐状态，整个生命系统才能达到最佳状态，人就会变得更加强健，生命力更加旺盛。

李国：这个比喻很好，企业就像一个人体。

郑锋：清晰的品牌定位，便于企业调动各种资源要素去打造和提升。通过今天的交流，您对正德康城的品牌定位有什么新想法?

李国：“绿色农业健康品牌、学生营养配餐专家”，朝这个方向去努力。

郑锋：在以农业为基础的三产融合实践中，你们有什么新的计划?

李国：我们最近正在抓紧思考和布局，想在一产农业中，进一步丰富实践业态，融入更多的休闲娱乐、农耕体验、田园旅游、电子商务等板块，把正德康城打造成全国的“三产融合实验室”。

第二章
在羁绊中前行的创业者

“经营之圣”稻盛和夫认为：“不成功者缺乏韧性。当事情进展不顺利时，他们很快就会放弃。”那么如何改变呢？稻盛和夫也给出了答案：把愿望提升至信念、迸发能量、从正面击破困难、避易就难，无论如何必须成功！

李国的创业之路像很多创业者一样，充满艰辛和坎坷，不断地从绝望中穿越，在羁绊中前行，虽然也有失败，但绝不会退缩。

1 楼梯间 又是楼梯间

学术界一直在争论一个问题，商业天赋在一个人的创业生涯中到底有多重要？我在一篇文章中分析了中小企业老板具备的很多相似的特质：初始学历不高，善于后天学习，高度自信和固执，敢于冒险，抗压能力强，能坚持有韧性，亲力亲为，乐观心态。

当我把这篇文章拿出来和李国相对照的时候，他哈哈大笑，因为他全部“中枪”。可以想象，二十多年的商场历练，李国的成长轨迹定是九曲连环、磕磕绊绊、峰回路转。

李国出生于滕州市官桥镇苏疃村，十几岁时便出来闯荡，从最初做油漆工，到做文体用品店，再到做文化用品批发、开办印刷厂、开设连锁校园超市、社区超市，靠着他的勤奋好学、执着坚持，生意越做越好。他的家乡官桥镇自古多出名仕贤达，比如造车鼻祖奚仲、招贤纳士的孟尝君、勇于自荐的毛遂、汉家儒宗叔孙通等历史先贤。一方水土一方人，也许，李国的成功也是对先贤创新意识的传承。

最早的时候，李国在一所学校做过三个月的油漆工。一次偶然的机会，他与教育界的一位老前辈相识，李国的聪明和勤奋被这位老师看中。恰巧学校临街门面闲置了一个楼梯间，这位老师就推荐李国去经营，成立了一家兴圣服务社。说是服务社，其实只有李国一个人。从没接触过生意的李国想，既然服务社背靠校园，那就做点和文化教育有关的生意吧。于是，他决定从卖书做起。

李国去济南的文化批发市场进货。至今他仍然能够清晰记得采购的第一批书里，其中有一本叫《人的四种性格》，那时候坐车从济南回滕州要四个多小时，在颠簸的路上李国先读完了这本书。书中讲述四种性格都有优点和缺点，而只有克服缺点，发扬各种性格的优点，才能成为

“优秀”的人，这是性格融合的最好结果。李国读完之后，内心的触动很大，这对他日后复合性格的形成有着深刻的影响。（关于李国的性格，在第三章第一节中有更多的描述。）

刚开始卖书的时候，李国还有点儿不好意思。他第一次推荐这本书给一位学生，学生拿起来看了下书名，就放下了，看来这是因为客户不对。第二位是老大爷，老大爷摇摇头走了。李国想，年龄大的人性格已经形成，这本书对他没有价值，那还是客户不对。第三次推荐给一位青年人，李国说：“这本书很好。如果看了这本书，对一个人的成功能有很大帮助。”然后那个人就买下了。李国通过第一单生意悟到了“选对客户，营销才是有效的”这个道理。

这间小小的服务社，既是李国住的地方，又是他做生意的地方。李国虽然学历低，但是求知欲很强，读书兼卖书，让他既有收入又汲取了知识。后来，他还利用服务社门前的空地，在春节期间卖烟花爆竹和挂历。很快，他靠着辛勤赚到了自己的第一桶金。

这期间，李国又动了心思，他想去百货批发市场再开一家文具批发部。一打听，这个生意红火的市场里只还剩一个楼梯间在出租。想想自己在兴圣服务社也是在楼梯间经营，他就定下了批发市场的楼梯间，开办了一中文化批发部。

谁能料到，两处狭窄的楼梯间，竟然成了改变这位小伙子命运的“福地”。如果说第一个楼梯间让他初入商海，那么第二个楼梯间便让他大展宏图。靠着产品齐全、价格公道、服务热情，一中文化批发部开业短短几个月时间，就迅速成为这座市场里文化教育用品批发的“大户”。几年下来，批发部从最初的一间门面，扩大到两间、三间，最后到五间。

爱折腾的李国并没有就此停歇，他又瞄准了一块市场，琢磨着开办印刷厂。印刷厂开办之后，李国塌下心来研究产品。他发现眼睛近视的学生很多，家长为此很苦恼，用现在的营销术语就是他发现了“用户痛点”。那时候的作业簿都是用白色纸印制的，反光强烈，对眼睛有刺激。于是，李国研发设计了主打产品“防近视”作业本，以淡绿色或淡黄色为纸张底色，减少对眼睛的刺激感。这款产品一上市，立刻受到家长的欢迎。由于设计科学、价格便宜，很快占据了当地的大部分市场份额。除了作业本，他们又承接了枣庄市教育局的试卷印刷。

这么多年过去了，现在回过头来看，当初的印刷厂、一中文化批发部、兴圣服务社，从生产加工、到批发、到零售，也是以产业链的状态形成有效链接的，几个实体相互促进、相互融合。这与李国现在做的从农业、到中央厨房、到餐桌，似乎有异曲同工之处。

2 站住！那位骑自行车的姑娘

谁都有过青葱的年少时代。在那个时代，李国遇到了他的美好爱情。当现在回忆起那年的经历，李国的眼神中仍然洋溢着幸福的味道。

李国在市场上做一中文化批发部的时候，有一次，一位身穿蓝色工作服的女孩子骑着自行车朝他的店面过来。李国愣愣地看着她，那份淳朴，那份美丽，让这个好强的小伙子内心温暖如春。就在那一瞬间，他立刻就喜欢上了这个女孩。想不到的是，这个女孩恰好就是到他店里来的。原来，她在某印刷厂做销售，是来他店里推销挂历的。本来是业务关系的两人，后来发展成恋人，再后来变成了一家人。看来，李国的融合能力在年轻时代就已经初显了。

李国的妻子叫张爱萍。两个人一路走来，分工明确，生意上以李国为主，妻子全力配合，家庭事务则全靠妻子打理。妻子照顾老人、孩子，让李国可以倾尽全力去工作。在公司里，张爱萍则带头遵守规章制度，默默做好自己的本职工作，从不以“老板娘”身份自居。李国坦言，今天事业上的成绩、公司发展到今天，与妻子的理解配合是分不开的。

李国不吸烟、不喝酒，似乎也没什么业余爱好。就像网络上一则热门漫画的台词：“我的心里只有一件事就是工作!”可是，李国神秘兮兮地告诉我：“老张酒量可大了。”

我诧异地问：“真的吗？她能喝多少？”

其实，这只是个玩笑。这个玩笑却和一个故事有关：

有一年，李国借了五万元钱，让妻子张爱萍去外地进货，在路上被小偷把钱都偷走了。因为店里等着货，张爱萍便靠多年的关系把货赊了回来。要知道，那时候的五万元钱已经算是很大的数目了。

一进门，李国就发现妻子脸色不对劲，以为她是路途劳累，也没在意。到了晚上吃饭，张爱萍竟然喝了一瓶白酒。这可把李国吓坏了，忙追问原因。张爱萍哭着告诉他“钱被偷了”。李国哈哈大笑起来，说：“那有啥啊，偷就偷了呗。不就是五万元钱嘛。”那笑其实是装出来的，他只为宽慰妻子的心。

笑过之后，李国心里却毛了，这边借人家五万元，那边赊欠供货商五万元，加起来十万元，做生意还要资金周转，去哪里想办法还啊？

李国心里明白，一个人的信誉是最值钱的东西。他坦诚地向两边的人说明了情况，并承诺了还款期限。为了还这些钱，李国夫妻俩加班加点打理生意，还得外出推销，在生活上省吃俭用，赚出点利润就先还账。硬是凭着苦干，按约定时限全部还清了欠款。

最初开店的时候，两人还真是传统“夫妻店”的形式。随着成立公司、规模扩大，两个人又做了定位上的调整。因为当企业大了，夫妻店的弊端就会显露出来，比如两人意见相悖时员工无所适从，公司决策容易产生分歧，不利于制度的执行与考核等。张爱萍便主动退身为公司普通管理人员身份，负责部分采购工作。看似一个简单的定位，真正做到可不容易，这需要克服虚荣心和主导欲。在张爱萍身上，我们看到了传统女性的宽厚仁爱之美。

多少年的风风雨雨、磕磕绊绊，无论工作还是生活中，每次遇到艰难挫折，张爱萍都坚定地和丈夫站在一起。直到乌云散去，直到柳暗花明。

二人同心，其利断金。这是个贤惠的女人，更是聪明的女人。因为她知道，李国的成功，便是她的成功。

3 危险失败来考验 创业路上多辛酸

电影镜头里的创业者大部分都是穿着名牌、开着豪车、品着红酒，高大上的样子。而现实中的创业者却没有那么多光鲜。特别是草根创业者，寻梦的路上荆棘密布、险象丛生。

刚做生意那会儿，有一次，李国孤身一人去外地进货，回来又转道一个县城联系业务。为了省钱，他住进火车站附近的一个小旅馆。小旅馆的通道没有灯，黑乎乎的。房间很窄小，跑了一天的李国疲惫至极，把包往地上一扔，就躺在了床上。突然，他隐约听到隔壁有嘈杂的声音。他悄悄地起来，把耳朵贴在墙上一听，顿时惊了一身冷汗。房间那边有一群人，在威胁一位旅客。坏了，这是进了“黑店”啊！李国赶紧把进货剩下的一千多元钱，塞进鞋里，穿上鞋想往外走。门开了，四五个汉子堵在了外面。其中一个胖子指着李国的鼻子，吼道：“快把钱都掏出来!”

李国佯装愁眉苦脸，说：“大哥，我就是因为没钱了，才住的这样小店，不信你们搜。”说完主动把衣兜翻出来给人家看。

那几人一看这情形，骂了几句什么，就走开了。等那些人走了，李国哪还敢睡觉，半夜就起来悄悄溜走了。

李国回忆说，那时候经济落后、治安不好，到外地进货的人被讹、被骗甚至被打、被抢的事时常发生。在外见的人多了、见的事儿多了，才渐渐地积累了外跑的经验。

哪班车安全、哪些店能住、哪些商家能合作，心里都有了数。

除了危险，还会有失败频频来考验创业者的韧性。预见失败，比预见成功更有价值。一般而言，大的错误必然是由很多小错误积累而成，所以在创业路上需要不断地进行自我检查、自我调整、自我修复，保持最佳状态，达到最佳效果。

李国是一个头顶成功光环的创业者，很多媒体都对他和他的公司做过报道，但是却很少有人知道他也曾数次失败过。现在的他对那些过往早已释怀，谈起的时候更多的是反思。

李国开办印刷厂成功之后，发现社区生活用品的需求集中而且稳定，于是动议向社区超市领域进军。几年间，他成功地在市区开出了多家社区超市。

2005 年，他被一个新的想法激荡着，做出了一个大胆的决定，去北京创业！他带了 20 多万元钱来到京城，在四惠东附近租了写字楼，开始运营一个叫三角红的平台。做什么呢？在网上卖照相机、打印机，而且是线上线下的模式，就是最近几年才提出的 O2O（线上到线下）。为了提高用户的浏览量，他安排滕州公司的员工在线下做推广，在为客户服务的时候，将客户的电脑首页改成三角红主页。他们在网上宣布，鲁南地区的客户如在网上购买了他们的商品，当地的线下店将负责提供送货、后期维保等服务。说起来，李国在做这个项目的时候，离 2003 年淘宝网创立只相隔 2 年的时间。那时候李国就有如此超前的理念，说明他的商业头脑的确不简单。由于他不懂网络技术，便聘请了专业人员帮他操作。

李国在商业上是创新型的人，但是骨子里却是很传统的，他像大多数北方男人一样恋家。有一天，没有任何外因的触发，李国突然非常非常想家，想立刻见到老婆、孩子。他的脑子一片混沌，一分钟也待不下去了。他没有告诉公司的任何人，没有带任何行李，从四惠东步行走到北京站。当他手里攥着车票，靠着车窗坐下的时候，眼睛已经湿润了。多少年过去了，至今他也没有回忆起那次突发的情绪从何而来。也许是在外的孤单与疲惫，也许是未能成功带来的心理压力无法释放。

后来，由于技术原因，这个项目失败了，20 多万元钱全部赔掉。他从北京返回山东，落魄至极。这次失败，让他真正懂得了创业仅仅靠好的想法是不够的。所以，现在的他去做一件事，一定是先做好计划，然后通过多个层面的铺垫，最后才是落实。

4 走在乡间小路上 心怀梦想却惆怅

2009年，李国的父亲突然生病，出现昏迷症状。医院诊断是心脏病，医生说需要紧急手术，但是只有5%的希望。听到这个消息，李国一下子就懵了。想想这些年自己忙于创业，陪伴、照顾父亲的时间很少，他内心十分自责。李国颤抖着在手术通知单上签了字。父亲被推进手术室之后的几个小时里，在外等候的李国如坐针毡，备受煎熬。

手术成功，老人家得救了。李国是个孝顺的人，这件事对他触动很大。他不敢掉以轻心，先后咨询了很多名医，如何保证老人家术后的康复。在医生的引荐下，李国和他父亲结识了国内的一些健康教育专家、食品营养专家。那时候，他陪着父亲时常去听一些专家报告，老人家靠膳食调节，身体恢复得挺好。

这件事，使李国初步了解到安全营养的食品对健康至关重要，也把他天生活跃的思维带入到一个新的领域。然而现实中存在两个问题：一是中国大部分老百姓不懂膳食调理，比如鲁南传统的烹饪风格以咸、辣为主，还偏重油腻，饮食结构极不合理；二是传统农户食品安全意识淡薄，种植蔬菜单纯追求“量”忽略“质”。由于病虫害防治方法单一、农药产品结构不合理，导致农药进入蔬菜、水果中，造成食物污染，危害到人们的健康。

李国想：一个家庭，自己在院子里种无污染的果菜，自己用科学的方法烹制，自己家人吃，那么吃的就放心了——这也不是复杂的事儿吧。如果把这个想法放大 100 倍、1000 倍、10000 倍，用这种方式供应给固定的客群食用，农民种的菜也能卖出好价钱，是不是也意味着做成了一个新的产业。

李国经常开车到西部乡镇的一块农田边上，站在那里沉思良久。就是在那段时间，他萌发出了这个想法，做农村一二三产业融合发展的项目。他心中有块黑板，有个美好的蓝图在“黑板”上画了又擦，擦了又画。在初步形成轮廓之后，他开始翻阅大量的资料，认真研读相关政策。

深思熟虑后的李国，内心被这种想法激荡着，创业的热情喷薄欲出。他先是请来几位经营上的老前辈，征求他们的意见，用了整整半天的时间给他们讲解自己的想法。讲完之后，前辈们听得一头雾水，只表达了一个想法："还是扎扎实实做好你现在的生意吧。"

李科学，曾在国营化工厂当厂长，他对李国的成长也给予了不少帮助。听了李国的想法介绍后，他说："这个产业链很长，难度可不小。你对农业又不懂，万一赔了钱、不成功怎么办?"

他不灰心，又征求公司几位高管的意见，副总徐莉听了，诧异地说："这么多地怎么种？这么多材料怎么运输？这么多餐怎么加工？我们什么都不懂。我看，这事做不成!"这时候，李国心里有点犹豫了，因为这几位一直以来都是他事业上的高参或助手，大家的反对，似乎都有些道理。

但他还是决定再征求一下更高层面的意见。于是，他把这个想法向一位对经济产业颇有研究的人士作了汇报。人家听了以后，直言不讳地表达了观点："照你这么说，你这项目涉及农业、加工业、餐饮服务业，还有运输和仓储，跨越太大，恐怕是不好做。”

李国陷入了郁闷的心绪当中，他问自己：“难道是我太能折腾吗?”当他把这个想法告诉家人的时候，一贯支持他的妻子张爱萍也表示出一丝担忧：我们现在的事业发展挺好，不愁吃不愁穿的，干吗非要去搞什么农业种植园。你又不会种地，吃那苦头干吗?

难道真是自己把事情想得太简单了吗?备受质疑的李国有点垂头丧气。这个时候，他看到了一段关于马云创业早期的视频，马云刚做电子商务的时候，所有人都以为他是异想天开，那个年代有谁敢想象可以在网上买东西、卖东西！而今天的阿里巴巴已经把这个“不可能”变成了现实。

他抱着最后一线希望，去拜访对他有知遇之恩、助他走上创业路的那位老师。他对恩师说：“我想做生产健康食品、餐品的企业，养殖、种植、生产加工、运输、销售都由我们自己做，对每个环节都及时检测，让更多的人都吃上安全健康的食品。”令他想不到的是，恩师一听，立刻对这个项目大加赞赏，他说：“这是个大好事啊，利国利民。既有市场需求，也很有社会意义。这事儿我支持。”

当时那一刻，李国心里那个激动啊，眼泪都差点掉下来。总算是有人理解了他的想法。就连“正德康城”这四个字，也是他的恩师给起的。“要做健康饮食的产业，必须要用良心去做，德要正，方能走得更远。你们未来的目标就是打造健康之城。”

山姆·阿尔特曼曾在斯坦福大学的创业课上讲到，好的创业项目，在创意产生之初，只有少数人能看懂；大多数人都想去做的项目，一定不算是什么好项目。也许，李国的成功便是来源于他洞察未来的战略眼光，使决策总是具有前瞻性。我问李国：如果当时没有一个人支持，你还会去做吗？

李国说：真理往往掌握在少数人手里。我意已决，一定会去实施。寻求思想上的支持，是为了增加信心。要知道，面对这么一个庞大的计划，面对这么一个陌生的领域，作为创始人，没有思想和信心支撑，是很难走下去的。

事实上，当他真正踏入这块未知的领域，等待他的并不是鲜花和掌声，而是一个接一个的困难，一次又一次的磨难。

5 一边投资一边赔 逼出农合新思维

2010 年，正德康城公司成立，李国心里揣着这个产业融合的梦想，开始了他全新的创业之旅。

2011 年下半年的一天，李国兴冲冲地带着管理层人员，来到城西的姜屯镇地界。众人眼前是密密麻麻的果树、庄稼，前边还有一个大水坑。李国郑重地宣布："公司已经签完土地流转合同，前边这个村叫洪东村，咱的土地是 680 亩。以后我就带大家在这里种地了。"

大家听了面面相觑，难道老板真的中邪了？商业做得好好的，为什么非要折腾着种地。一望无际的一大片地，怎么弄啊！李国说："大家别愁，我先弄出个样子给你们看看。"

打那以后，李国就带着刘勇等几名员工一头扎进这块土地里，开始了他的"农耕生活"。他虽然出生在农村，但是小时候田地里的活还真没多干。他决定去“偷”学技艺，这边安排平整土地，他便跑去寿光学习种植园规划和大棚建设。最多的时候，一个礼拜来回四趟，奔波于寿光与滕州之间。两地的距离是多少？350 多公里。可以想象，来来回回的奔波，是何等的辛苦。除了去寿光，他还多次去北京、济南、青岛等地，找农业和食品安全方面的专家去请教。

为了得到具体的指导，他专门请来了农技方面的师傅，一边跟着学、一边琢磨着干。整个种植园按照休闲采摘、农产品加工、绿色种植等进行了功能分区。就是靠着这股勤奋劲，几个月下来，大棚已经开始建设，种植园渐渐有了点看相。公司的管理人员再次来到种植园的时候，都感到很震惊：建设速度真快！再看李国，大家都已经认不出他们的李总了——两脚上全是泥，太阳晒得李国脸上掉了一层皮，原本白净的肤色黑得像变了个人，整个人瘦了十多斤！

刘勇是厨师出身，进入公司后负责生鲜的采购，种植园建设的时候，李国把他调到了这里。他回忆起当时的情景：“我心里想不通。为啥？我是从农村走出来的，好不容易在城里上班稳定下来，这下子又回到农村，和土地打交道。”后来，他的姑父开导他：“你具体做什么并不重要，关键是你在这个企业里学到了什么、做到了什么，收获了什么，才是最重要的。”刘勇回想起自己从厨师转变为管理者的过程，如果不是进入了正德康城，一名厨师怎么会学到采购和超市的有关管理。刘勇想通了，跟着李总肯定又能学到新东西。

做事就要全力以赴，努力到感动自己。李国最长的一次，一个多月没回家，连孩子都抱怨他把家当成了宾馆。就在这块土地上，他们用短短三个月时间建成了高标准的温室大棚69座，并成立了正德康城蔬菜专业合作社。资金投入了，硬件建设了，牌子也有了，接下来就是种地的事儿。但是，工作并不像李国估计得那么顺利。种植园先是招了一批附近的农民，采取日薪制，用当地话说叫“点工”。虽然制订了一套种植流程，但是每个人的实际劳动方法却无法统一，再加上面积大，无法逐个监控，所以种出来的菜差异较大。后来又改成了“基本工资 + 提成”，效果还是不尽如人意。

人，在大自然面前是渺小的。那年冬天，一场罕见的暴雪袭击了这座小城。雪越下越大，大棚棚顶承载的压力越来越大，随时都有被压塌的危险。而雪上加霜的是，恰巧电路又出现了故障，本来可以用机械卷起棚面棉被的措施也无法施行。种植园告急，李国调集公司员工从各个门店赶来抢救大棚。当他爬上棚顶清理冰雪的时候，嘎巴一声，从棚顶掉了进去，摔了一身泥。这个时候，他哪还顾得上疼痛，爬起来继续指挥现场，嗓子都嘶哑了："一定要把损失降到最低!"在肆虐的风雪中，大家的衣服都湿透了，没有人退缩，女员工都是流着泪水，在那里坚强地忙碌着——尽管大家都做了最大努力，但是这一次，种植园里还是有十几个大棚损毁严重，直接损失达到 200 多万元。

作物疾病，也是李国没有充分预料到的。有一回，一个大棚里种植的西红柿得了灰霉病，一夜之间这个棚里的菜全部感染了病毒。那时候大棚内湿度较高、通风不好，整个棚的西红柿就这样全部腐烂了。李国站在棚里，看着那些腐烂的西红柿，心里别提有多难受。

为了研究大棚蔬菜种植和病虫害防治，他们想尽了办法，比如为了保持大棚内的温度，他们甚至在棚里点蜡烛升温。为了促进早春马铃薯的生长成熟，李国自己琢磨着，创造了三膜马铃薯种植棚，即大棚里面套小棚，小棚里面再覆盖地膜，再加盖毡的方法。

摸索着，农业做了两年的时间，李国自己算了一笔账：基础设施要投资花钱，消费端的链子没接上，盈利模式还没出来，再加上灾害损失，四五百万元赔进去了。

李国不无感慨地说："农业前景广、门槛低，但实际上路很长、水很深。没有现代的管理理念，没有先进的技术，没有产业与价值链的融合，想做好农业，还真不是容易的事。"

挫折，对于普通人来说是打击，而对于一个坚韧不拔的人来说，却更加激发了他的斗志，也延展了他的思维。通过不断的实践与思考，李国总结出"抓两头、控中间"的方法。抓两头，即从源头上控制，统一选用优质种子，指定绿色安全农资；在后头控制好农产品质量检测，确保达到标准。控中间，即是对生产流程进行指导、把控。

在这个新的指导思想下，他们采用了新营运模式，由农户承包大棚，公司按照绿色食品 AA 标准去设计，把中间环节交给农户，对符合相关标准的农产品高于市面价进行收购。这样一来，大大提高了农民种植高质量农作物的水平，也提升了他们创业和创新的热情。为了扩大规模，他们还采取了“基地+农户”的办法，通过签约定量采购农户的蔬菜。在这种机制下，农民从雇员变老板，企业从直管变协作，合作社从组织变平台。从小包到大包，农民以技术作为合作要素，合作社带领农民大众创业。

李国到大棚里去看刚刚长出的芹菜。他蹲在地头，手里抓起一把泥土，意味深长地说：“种地就像养孩子，你对它用心，土地就不生虫子，菜就长得壮、长得健康。”那一刻，他看着土地的眼神深邃而悠远。

6 营养师、烹饪师中央厨房练兵忙

过去，通过奋斗从农村走进城里，是为了自己的小家；这次，从城里回到农村，是为了大家。功夫不负有心人，农业种植基地的管理运营渐渐进入了正轨，正德康城的绿色蔬菜在当地有了一些知名度。李国又开始“折腾”

了。那时候，李国就在公司宣布了“五年规划”，主要任务是打造一二三产业的全程无缝链接。

他要建一座大大的厨房，这厨房里有餐品流水化生产线，有标准化的操作；这厨房一头连着种植基地，一头连着市场。这就是李国心里的“中央厨房”。

公司的几位高管回忆起建中央厨房的那段经历。正德康城接手了一个工业园区废弃的食堂，用来筹建中央厨房。李国指挥着进行基础设施改建，购进面食和餐饮的生产加工设备。做过厨师的巩永、刘勇、马运峰等人加入到筹建组。很多员工还是看不明白什么意思。刚开始的时候，中央厨房试验用设备生产馒头，职工背地都称这里为“馒头房”。做馒头并不复杂，但把看似简单的馒头做好、做成品牌，也不是容易的事儿，因为它要融合设备特点、蒸面师傅技术和材料配比。刚开始实验的时候，怎么也做不好，李国气得把面倒掉了不少。后来聘请了当地有名的手工馒头大师傅，因为对设备把握运用不准，还是没做好。最后，李国亲自动手参与研发、参与实验，在发现问题中寻找攻克的方法，试产才成功。

做馒头有这么复杂吗？我们来听听李国的观点：孩子们喜欢吃蓬松、带点甜味的馒头；成人喜欢吃老面馒头，但是经过中央厨房检测，发现老面馒头含有害菌。于是，他们在原材料配置上采用有益菌的老面，解决安全的问题。在口味上进行了分类，孩子们吃的馒头加点糖，成人吃的老面馒头加点碱。

做馒头的方法找到了，他又开始做中餐的标准化，因为身处鲁南，便从鲁菜入手开始实验。用他的话说："我们要把大锅菜做出小炒的味道。"所谓中餐标准化，就是把烹制中餐的过程进行流程化、数据化、知识化。切菜的标准、佐料的配比、烹制时间等，都需要制订标准。

这件事还没开始推进，厨师们从思想上就抵触了。巩永师傅说："鲁菜讲究很多，每个操作者使用的火候、技法都不一样。全世界都没有按你说的这么做的！"

思想上过不了关，研发就推进不下去。李国天天给厨师团队做沟通、讲解，甚至是辩论，李国说："我们建中央厨房的目的，就是要干掉厨师！"最终还是和以前一样，李国又亲自披甲上阵，带着营养师、烹饪师一起研究营养餐菜谱，熟悉餐厨设备功能与操作应用，终于使餐品标准化得到了推进。

第一次通过标准化做出来了几道菜，李国召集总部干部围坐在一起，品尝、提意见。那顿饭的口味虽然不像现在这样过关，但是总算朝前迈了一大步。后来，随着研发和实战训练的推进，中央厨房的菜做得越来越好、品种越来越多。新厨师不再需要太多的烹饪基础，按照标准单，几天时间就能学会操作，还保证了口味的一致性。嘿，别说，还真把“厨师”这个岗位干掉了。

接下来的这些事儿，使中央厨房的师傅们终于明白了，没有标准化，就无法把产业延伸到大市场，就形成不了价值链。回过头看，他做的每一件事，都是先做好铺垫，然后再推进，就是我们常说的“一环扣一环”。

7 三产蹚出新路子 学生吃上营养餐

不得不承认，李国是相当有耐力的。从绿色种植示范园到中央厨房，他用了近三年的时间，耗费大把的精力和成本，正在把产业链一步步串起来。尽管前期基础做得如此牢固，但是在打通最后一个产业链的时候，还是迎面受挫。

2013 年 3 月，在滕州相对偏远的一个乡镇中学，正德康城第一次承接了校园食堂的配餐任务。那时的正德康城只是在一产、二产方面有了一定的运作经验，可是在餐饮服务方面还从未做过。

员工回忆起当时的情景，分管副总向李国汇报这项业务时，罗列出一堆难题：这家中学要做一日三餐；我们中央厨房到学校要一个小时的时间，而且路况不好；菜品的保温也是个难题……副总问："这项业务我们能接吗？"李国果断地回答："我们一二产做了这么长时间，三产的机会来了，为什么不做？如果我们把最难做的做好了，那其他的就不再是问题！"

然而，由于中央厨房创新的标准化模式还不成熟，从田间到餐桌的整个流程还不完善，再加上团队缺乏实战经验，尽管团队在运营过程中做出了最大努力，但还是没能让师生们满意，这个项目最终还是失败了。

那天晚上，中央厨房的员工都下班了，李国一个人坐在那里，一夜没合眼。他脑海中回放着建设农业种植园、改造中央厨房、做鲁菜标准化的种种画面细节，被外界质疑、误解的那些眼神和话语深深刺痛着他。这一夜，他想明白了，这个三产融合的路子没有错，如果不成功，一定是有什么地方还没有做到。只有拿出工匠精神，把所有的细节都做到极致，才会成功。第二天，嗓音嘶哑的李国向团队宣布：全面反思，梳理流程，继续研发，确保再战必胜!

从那天起，李国天天吃住在中央厨房，随时发现问题、研究对策。他的这种斗志感染着身边的人，大家和他一起继续“操练”，优化从田间到中央厨房到校园的操作流程。在餐品研发上，既考虑针对学生身体需要的营养搭配，又考虑适合学生的口味、样式。正是李国这种倔强和顽强，培养出了一支不认输的队伍。这支有战斗力的队伍，开始创造了一个个令人瞩目的显赫战绩。

2013 年 11 月底，位于枣庄市政务中心嘉汇大厦的“正德百姓健康餐厅”试营业。这家刚开业的餐厅生意火爆，顾客排队都排到了门外。与其他餐厅不同的是：这家餐厅的操作间全部采用明档式，顾客可以透过玻璃看到工作人员现场操作的场景；餐厅不直接加工原材料，只是对半成品进行加工，而半成品则来自于正德康城的中央厨房；餐厅所有的食材都是与基地合作的，粮食来自内蒙古赤峰，水源来自莲青山，蔬菜来自正德康城自己的种植基地。据常去光顾的客人说："这餐厅菜品口味好，而且菜都是从自家绿色种植基地来的，吃着放心。"没错，这就是正德康城新开的直营餐厅，从绿色种植示范园、中央厨房延伸到市场的销售窗口。

大概是同一阶段，正德康城绿色种植示范园生产出的绿色新鲜果蔬，经过中央厨房的初步打理，通过冷链运送，摆上了公司直营的社区超市生鲜柜台，形状各异、味道香醇的面点也来自于他们的中央厨房。

2014 年 4 月，《齐鲁晚报》刊发了一篇题为《九所小学学生吃上放心午餐》的报道："在迅速城镇化的当前，农村小学孩子午餐问题一直备受关注。滕州市界河镇为了解决全镇九所小学生的就餐难题，从 2013 年新学年开始，在全镇小学开展了学生午餐配送试点，让农村三千多名小学生吃上了干净、卫生、热腾腾的饭菜。"随后不久，媒体上发表评论《学生营养配餐值得推广》，引起社会更为广泛的关注——这是界河镇教委办在该市教育局、粮食局的支持下，引进正德康城提供的学生午餐配送，由粮食局和学校负责监管。为了解决中央厨房与服务校区的距离阻碍问题，正德康城创新性提出分中央厨房的概念，依托界河镇中心小学食堂，采取“一拖八”的形式，辐射周边八所小学。所有菜品的半成品、面食、粥品均在中央厨房完成，分中央厨房完成菜品的加工分装及配送工作。为了确保成功，李国亲自带队，选设备、买道具、选定人员、确定食谱，每一个细节都不疏漏，遇到的问题逐个解决。在校园食堂现场，看到孩子们就餐时的笑脸，看到老师和家长们赞许的目光，劳累中的李国内心无比欣慰。

至此，正德康城在三次产业终于实现了有效的连接与贯通。但是，李国的压力更大了，他心里清楚，这只是他们迈向成功的第一步，如何巩固好阵地、扩大战果，把产品与服务做精做透，还有漫长的路要走。特别针对校园餐厅，如何让孩子们吃上安全、健康、营养的校餐，是他们永远不能放弃的主题。李国说：“管理上，什么事我都可以放一下，唯独一件事不能放，那就是食品安全。”

农业是源头，他们从种子到出园进行二次检测。进入中央厨房的原材料，通过委托第三方检测机构检测结合企业自检。中央厨房采取电脑智能控制，机械化集约生产。无论是从农业种植园到中央厨房，还是从中央厨房到学生餐桌，全程冷链配送。他们还不定期邀请家长代表到生产基地、中央厨房“检查”，在学校餐厅邀请家长代表试吃、提意见。这一切，都是为了保障供餐品质和“舌尖上的安全”。

在开展校餐配送服务三年多的时间里，正德康城通过实践积累了很多宝贵的经验，朝着更加科学、更加精细化的方向迈进。本地的很多学校与他们开展了合作，外地的教育部门和学校有关人员也多次来学习他们的学生营养餐配送模式。

2016 年 12 月的一天上午，滕州市实验小学大同校区学生食堂内，四位厨师正忙碌着，为 2000 位学生准备午餐。炒菜、煮粥，操作得有条不紊。所有的配菜都使用在正德康城中央厨房处理好的半成品，菜如何搭配、用多少油、多少盐，都有固定的标准，厨房设备的自动化程度很高，其中有很多都是正德康城自行研发或改造的。因为流程细致，操作人员少，所以更安全可控。

孩子们正处在发育成长阶段，如果说校餐的口味、色泽、外观决定了孩子们吃得“好不好”，那么营养健康的菜品主食搭配则决定了孩子们吃得“对不对”。

徐桂花是国家二级营养师，她在正德康城负责配餐方面的营养搭配定制工作。她对当天这所学校的学生营养餐进行了详细的解析：山药南瓜炖肉、银耳炒小瓜、胡萝卜馒头、八宝粥。这顿饭一共包含多少种食材呢？南瓜、山药、猪肉、银耳、小瓜、胡萝卜、面粉、大米、小米、豇豆、绿豆、红豆、紫薯、桂圆、花生，一共是15种食材，保证了学生食物的多样性。这些食物包括谷类食物和一些杂粮，为学生提供了足够的膳食纤维和B族维生素，对他们的健康成长很有帮助。金黄色的南瓜，提供了胡萝卜素等多种营养素，配合着山药，对于学生的脾胃很有帮助。同时银耳作为菌类食物，为孩子们提供了多糖类营养物质，对于提高孩子的免疫力很有帮助。再就是猪肉，作为肉类食物，提供了我们人体所需要的优质蛋白。胡萝卜馒头，是不是特别的漂亮呢？大多数的孩子都不喜欢吃胡萝卜，现在我们把胡萝卜打成汁、和面、做成馒头，这样同学们就不那么排斥了。在正德康城营养餐厅吃上一顿美味的午餐，回家再添加一杯牛奶，一个鸡蛋，隔三差五地吃顿鱼肉，天天保证吃点水果，同学们的营养摄入会很均衡。

一家企业关注用户需求，除了提供精致的产品之外，还要拓展产品的外延，向用户输出好的理念，这就是产品关联文化。正德康城在专注于校餐服务的同时，不断地向用户输出文化，希望与校方共同打造一个个有爱、有温度的校园食堂。

比如，他们在食育教育方面就是先行者。在实验小学大同校区餐厅里，随处可见食育教育的内容——儿童健康管理中心定期为孩子免费体检，并由营养师制作饮食及运动指导方案；在药食同源展示区，让孩子了解中草药的相关知识；儿童影视墙上，播放着《营养小镇》健康科普动画片；饮食教育文化长廊的宣传画，教育孩子们养成良好的饮食习惯；在儿童营养厨房体验室，食育老师指导孩子亲手制作美食。

再比如，他们也是“四点半学校”的积极倡导者与推动者。由于学校下午放学早，而家长在工作期间无法按时接送孩子，造成了很多不方便，细心的李国就萌生了推进“四点半学校”的想法。他把这个想法向市关工委的领导作了汇报，得到关工委领导的支持。于是，正德康城与合作的西岗中心小学尝试推进这项工作，让家长不方便接送的孩子放学后在餐厅逗留，组织孩子们开展食育教育、做互动游戏，解决家长的后顾之忧。

不得不承认，李国的想法总是很超前。在正德康城与校方实验性推出“四点半学校”之后的一个多月，2017年2月，教育部办公厅发布了关于做好中小学生课后服务工作的指导意见，提出“开展中小学生课后服务，是促进学生健康成长、帮助家长解决按时接送学生困难的重要举措，是进一步增强教育服务能力、使人民群众具有更多获得感和幸福感的民生工程。”

李国年幼时家境贫寒，生活条件很艰苦，上学的时候每周都会带着一大瓶咸菜和一大包煎饼作为每天的伙食去上学。营养跟不上，那时的李国身体与同龄人相比显得比较瘦小。如今小有成功的李国对那段经历难以忘怀。

一次偶然的机会，李国从报纸看到国外提高国民健康水平推行“一杯牛奶强壮一个民族”的计划，报道中提及，每个儿童每天至少喝一杯牛奶。恰好，我们国家也正在推动“农村义务教育学生营养改善计划”。李国深知健康要从青少年抓起，回顾自己辛酸艰难的学生时代，绝不能再让家乡的孩子们输在起跑线上，为此李国通过对国内学生奶生产厂家深入调研分析发现，蒙牛乳业作为获得国家认证的学生饮用奶定点生产企业，拥有专属牧场的优质

奶源、先进的生产设备、严格的管理流程、全方位的检测标准，能够确保每一包牛奶的安全。这也与他正在进行的学生营养配餐相吻合，于是与蒙牛学生奶项目部建立了合作关系，成为这个产品在枣庄地区的独家代理。他们制订了“5 + N 健康强身计划”，每天为滕州市上万名中小学生提供蒙牛学生奶。

8 逆向行驶胆不小 放话要创“第九菜系”

就像上面提到的，“70 后”这个年龄层以上的人，都有过那个时代关于食品的记忆。由于经济落后、物资匮乏，能够吃饱肚子就是最大的奢望。现在社会进步发展了，人们的需求已经从“吃得饱”向“吃得好”转变。吃得好，包括吃出花样、吃出味道、吃出健康。

中国餐饮文化丰富而久远，在历史的发展中形成了多种流派，其中代表性的是川、鲁、粤、苏、闽、浙、湘、徽“八大菜系”。2012 年，互联网上蹿出了个新词，叫

“第九菜系”。起源是有人在论坛晒出大学食堂的菜肴“月饼炒辣椒”，引发网友的热烈讨论，各大媒体也发表评论，使“食堂菜”一度被社会聚焦。2013 年 9 月，网友又爆出“玉米炒葡萄”，多地网友纷纷跟进，晒出更多奇葩食堂菜。于是便有了这么一段总结：食堂菜，号称第九大菜系，广泛分布于各地，以贵、丑、少为特点，以不放肉、不放油而闻名，主要烹饪方法有“瞎炒”“乱炖”，代表菜为清炒橘子、月饼炒辣椒等，最神奇的是可以把所有的菜都做成同一个味道。

这本是由于食堂菜肴质量问题引起的调侃，对当时正在投入研究中央厨房的李国却有很大震动。一方面是压力感，另一方面是责任心。全国有多少食堂？其中又有多少校园食堂？这是一个多么庞大的群体，所以提出“第九菜系”并不为过。学生食堂关系到孩子们的健康成长，对食品安全、营养搭配、口味色泽、新鲜程度都有很高要求。他在给员工开会的时候，就说道：“八大菜系是小锅菜，第九菜系是大锅菜。我们要加大对食堂菜品的研发力度，用标准化确保研发成果的输出供给。”

最近他又和我谈起这一想法，对推进“第九菜系”充满了热情。我对他奇特的想法感到诧异，并提出了很多质疑。质疑一，既然你推行的是标准化，那么如何适应不同地区、不同口味的人群？质疑二，你没有深入研究过八大菜系，如何应对全国烹饪界人士的反问？质疑三，一个企业的影响力是有限的，你用什么形式推进第九菜系的形成？

他对这几个问题作了以下回答：我们研发的食堂菜标准化是基础，同时针对不同区域搭配“料包”，来进行适度的味道调节。我们还会推动成立一个第九菜系的专业研究组织，编印食堂菜系列菜谱，并通过与八大菜系的代表人物展开请教、沟通、交流，提高第九菜系的适用性、影响力。

本来是网上的一句调侃，他却反其道而行之，把第九菜系当作一个新概念认真地提了出来。看着他在那里激情讲说，我心中很清楚，这件事可不是那么简单，但是这个想法又生动地呈现出他那种特有的颠覆思维，如果他下一步真的有行动推进，这对于社会的确有正向的意义。于是我说：“好吧，如果你把这事儿做成了，你就是中国第九菜系掌门人。”

9 精勤创业前行早 探索融合敢为先

2014 年 3 月 3 日，李国荣获“最美滕州人”殊荣。主办方的颁奖辞是《采桑子·礼赞李国》：

心怀百姓食为天。
道义在胸，担当在肩，
躬耕沃野造良田。
精勤创业前行早。
正人品德，诚信有源，
勇立潮头敢为先！

“这几年，我们一边干一边摸索，把现代产业组织方式引入农业，提高生产绩效和农产品品质；通过中央厨房集约化加工生产，保证质量的同时降低了成本；通过消费端的实践，以市场需求引领农业供给侧结构性改革，最终形成了一二三产业无缝连接，真正使农业做到了‘接二连三’。”李国说。

他们之所以能够走到今天，恰恰是得益于“融合”的思维方式：一产中融入了现代管理理念和市场思维，二产承上启下成为枢纽，三产中融入了工业流程化思维和技术研发，整个产业链实现了有效贯通。贯通之后，产业边界就变得模糊，而形成了一个新的整体。这就是“新六产”。

回过头来看正德康城涉农六年的发展历程，可以确信李国当时并不是脑子一热。他事先把这件事想明白了、琢磨透了，然后才着手实施推进的。虽然开始的时候碰到不少技术层面的具体问题，压力不小、挫折不少，但是他为什么没放弃？因为目标和战略在心中，很清晰。只要方向和基本路径对了，就一定能够抵达。

六年前，很少有人能够看懂李国到底想干什么。他注册的公司叫“正德康城企业管理咨询有限公司”，有人说了，你就是一家种地的合作社，和管理咨询风马牛不相及；他提出要做三产融合的无缝链接，有人说了，你不就是想做个概念喊个口号；他提出要“干掉厨师”，有人说了，你不就是做了个中央厨房，故弄玄虚吧……

现在看看，产业流程、商业模式的复制是不是要用“咨询”？“农村一二三产业融合”是不是已成大势所趋？不用标准化如何靠几千平方米的厨房为数万人供餐？

正德康城走到今天，有人对李国说，你做的农村一二三产业融合项目，是一举多得的善事。对农户来说，稳定了渠道、增加了收入；对孩子们来说，能吃到安全营养的校餐；对学校来说，与专业机构合作放心；对企业自身来说，又得到了很好的发展。正德康城走的这条道，是对多方面需求的一种融合。这让我想起一个营销组织对企业的定义：满足顾客需要而使企业获益。解决了用户的烦恼，为社会创造了价值，企业受益是自然而然的事。

【对话】创业能力与使命感

郑锋：很多人都曾有过创业的梦想。这么多年走过来，你对创业有什么体会？

李国：起初的感觉是创业太难了，其压力之大，非常人能够承受。但是当你找到了那把金钥匙，发现它能打开无数的门。不过这把钥匙没有坯子，无法轻易复制。我觉得最重要的是找准方向、选对路子、贵在坚持。

郑锋：方向是战略方面，路子是战术方面。坚持呢，是成功创业者的秉性。一点点的收获，一步步的成功，看上去坚持并不难；但是当不断遭遇挫折的时候，坚持就是一件很难的事情。在你二十多年的创业生涯中，是否有过身临绝境的时候，或者放弃的念头?

李国：开始创业的时候，失败是常有的事，但是要学会从失败中接受教训、反思自己，失败就会减少。如果一味的失败，那可能说明你不适合创业。我经历过几次失败，但是从没有身陷绝境，更没有过放弃创业的念头。特别是在初创时期身陷绝境，起死回生的概率很小，像史玉柱东山再起那样的案例都是个案。创业者可以有拼劲，可以有冲动，但是不能有赌性。赌性带来的大起大落、不喜即悲，有悖因果自然、水到渠成的创业逻辑。

郑锋：赞成这个观点。“失败乃成功之母”只是当你面临困境时的一种人生哲学。科学家在实验室里做研究，无数小的失败，可能最终会换来成功。可是我们身边的创业者，小的失败过多，最终换来的可能是彻底失败、倾家荡产。同样，很多大的成功，却是由无数小的成功累积而成的。

李国：创业成功，不会是哪一种单方面因素发生的作用。天时地利人和，缺一不可。所以，一名优秀的创业者，要善于把资金、智力、资源等所有要素聚焦到一件事上来，成功的概率就会增加。

郑锋：对，创业者要学会聚焦，善于融合，要用强大的使命感来统率和引领各方的资源发挥作用。

李国：企业走到今天，使命感是非常重要的。什么是使命感？就是我们要为社会做哪些引领和改变，我们企业存在的关键意义是什么。

郑锋：这听起来像是大话，但事实上没有使命感的企业，很难形成正向的价值观，很难走远。使命感能够明确某个企业的社会定位，并以此来凝聚内部团队和外部力量，并与目标客群达成价值互通。

李国：我们现在做的农业合作社，就是希望带领周边的农户成为创业者，成为新型职业农民，提高他们的技能和收入；我们的绿色种植示范园，就是为了向市民提供无公害、绿色乃至有机的蔬菜；我们做的学生营养餐项目，就是希望让孩子们吃上安全、健康、营养的校餐。除此之外，我们还通过外延的服务，开展如针对学生的食育教育、针对农民的种植培训、针对市民的养生辅导来提升我们的社会价值。这已经成为我们企业的责任，也成为我们团队的共识。

郑锋：社会上对你们企业的这种责任意识怎么看？

李国：很多领导、专家们都说，你们这是为全社会做的一件好事、善事。家长们也给我们写表扬信，各级媒体对我们的事迹进行报道。这些信任与期待让我们倍感压力，整个社会舆论都在推着我们向更好的方向走。

郑锋：你做了这么多年的商业，跨界转向农业做起，实验农村三产融合，吃了不少苦。值得吗？

李国：一种全新的尝试，对我们来说既是挑战，又充满喜悦，因为人的生命本质上就是一场场的探索。看到现在这些小小的成果，当初的那些苦，其中也是有乐的。

郑锋：你们做的三产融合，从 3 到 1，还是从 1 到 3，是从哪个方向进行的？

李国：这个问题问得很有意思！从外观顺序上看，我们是先布局的一产农业，但是从战略层面上看，我们是先思考的市场消费端，也就是三产服务业。主要以消费端来调整供给侧，同时以供给侧引导消费端。也就是说，我们的一产、三产采取相向融合，均通过二产的枢纽来实现。

郑锋：创业是一种能力。很多时候，创业者们走到今天，已经不单纯是钱的问题。使命感、事业心、责任意识，以及保持成功必须不断颠覆、做到极致的创业秉性，驱使着他们继续前行、披荆斩棘。

第三章
众创与智创的空间

现代管理学大师彼得·德鲁克说过：“提高效力的第一个秘诀是了解跟你合作和你要依赖的人，以利用他们的长处、工作方式和价值观。”

李国逼着自己学习和思考，引领着自己的团队跟着提升，同时又有效地汇聚了外部智力资源，使这个小小的企业成为一种平台，成为“智创空间”“众创空间”。

1 思维发散，行动聚焦

复合性格的创始人

创业者一般都具备一些相似的、明显的特质，但绝不都是高大上的。人之为人，一定是优点和缺点并存的。甚至更多的时候，在外界反而颇受争议。关于李国，外界就看法不一，有的夸他能吃苦、肯钻研、有想法，有的则说他太抠门、精于算计、故弄玄虚。

倒是公司总部的员工众口一词："跟着我们老大干，没问题。"李国忙在农业基地、中央厨房、校园餐厅，但几十家直营门店，李国几乎没怎么去过。"总部不断优化流程，执行到位了，便可无为而治。"

至今，他仍然开着老款帕萨特，半个月也不洗一回车。作为几百名员工的当家人，不重衣着，不修边幅，有时候穿着搭配让人感觉怪怪的，比如，寒冷的冬天贴身秋衣外面只穿一件衬衣，问他还说“不冷”。有一次，领导去视察他服务的校园餐厅，他觉得需要“庄重”一下，穿上了西装，但是白衬衣领口却露出里面的黑色秋衣，太不搭了。他好像没有其他休闲爱好，不打牌、不抽烟、不喝酒，也不喜欢去娱乐场所。与外界交流的时候，聊起家长里短、拉近感情的一些话题，他比较木讷。这样看，他的世界好像是相对封闭的。

从另一种角度上看，他的大脑又应该是异常活跃的，好像没有一刻停止思考，他通过移动端的阅读获取知识，也会买纸质书来看。他不断地和公司团队成员、公司的智库专家交流，甚至是争论。在公司之外只要聊起工作，他也会滔滔不绝。他的动手能力极强，无论是在种植园、中央厨房，还是在校园餐厅、社区超市，他总是亲力亲为指挥结构布局、设备安装、产品研发。有很多产品的研发，都是由他具体参与完成的，有的还获得了国家专利。

李国的思维是发散性的，在思考论证的时候经常由一想到十，但在行动上他又是聚焦型的，一旦确定了目标，他又变得非常专注。熟悉他的人都说：“他选的项目都是没做过的，他做的事情都是复杂的，他的项目开始选址的时候更是没有一个人看好。”就像李国当初做印刷厂，也是什么都不懂，一步步摸索而成的。社区超市也是如此，他的第一家超市开在善国北路，当时那个地方人烟稀少，周边除了老百货公司的驻地，几乎没有几家商业。李国选择在那里开超市，大家都表示怀疑。后来坚持做，竟然做好了，打响了北京文化教育超市的品牌。正德康城这么多门店开业，基本上不搞仪式、不放鞭炮，以试营业的方式悄悄开始。公司的副总李庆回忆，她印象最深的就是北京文化教育超市善国北路店开门之后迎来的第一位顾客，是育才中学的一位老师，老师选完东西，收银台却发现没有购物袋，零钱准备也不足，弄得挺尴尬。李国就是带着团队一边干、一边学、一边完善，后来公司相继开出了善南、翔宇、滨江等连锁店，都比较成功。

有人戏称李国具有“软暴力”倾向。他自己太投入某件事的时候，会忽略别人的感受，比如在没有事先沟通的情况下突然邀请来访客人给员工分享经验，或者半夜约见某位顾问征询意见，范光杰就经常被他“绑架”。范光杰是山东宁泰律师事务所创始合伙人、副主任，中国法学会会员，从事法律服务工作二十年，在公司法、商务合同、建筑工程法务等方面有着丰富的经验，是一名实战型法务专家。范律师形象地说：“只要进了正德康城，一天就甭想出来，非得把人搞得筋疲力尽。”有一次，为了正德康城第二天一早的商务洽谈，范律师回家后忙到半夜查证观点，保证了次日工作的正常推进。范光杰与李国合作十多年，他对正德康城这班人的评价就是：“一群工作狂，都是玩命干!”

理解李国的人都明白，他这是为了让所有资源发挥最大效能；而不理解的人则生出“被强迫”的感觉。写书的这段时间，我已经习惯了他的执着，出于对创业者的理解而采取了包容的姿态。我说：“你李国是找不到答案不睡觉、到了黄河也不死心啊。”

而有些时候，他又非常在乎别人的感受，敏感得要命，人就是这样一个矛盾体。很多男人睡着的时候会打呼噜。李国呢，睡觉也打呼噜。出差的时候坐火车，李国就强制自己不许睡觉，怕打扰了别的乘客。过去出差，坐绿皮火车，经常要坐一夜，到了下半夜，乘客都酣然入睡，而他却因此备受煎熬。李国还会叮嘱同行的下属：“如果我睡着了，你就叫醒我。”

他整个性格中，最突出的一点就是偏执。他认为对的东西，一定要想方设法去证明。即使没人支持，他也会坚持这个想法，做给你看。我经常说："成功的企业家都有强迫症。"强迫症患者的表现是过分注意细节，追求十全十美。在生活中，往往有不安全感或不完善感，纠缠细节、吹毛求疵。有一种强烈的执念，即害怕批评、害怕出错，过分自我关注，自我克制。

万达集团董事长王健林曾经说过："凡是成功的企业家或者卓越的企业家都接近神经病。企业家精神最重要的两条标准，一是创新或者叫敢闯敢试，二是坚持。失败 5 次、10 次甚至更多次也不怕，接着再干。一个人没有这种坚持、锲而不舍的精神，太圆滑或者太容易放弃，是不会成功的。"

2　一个人能走多远　要看与谁同行

李国白天忙工作，晚上忙思考和学习，可想而知休息的时间是多么有限。2017 年 1 月，除夕那天公司放假，中央厨

房熄灯闭门，李国的鼻炎却犯了，鼻塞、头昏，无精打采，思路也不是那么敏捷了。李国说：“感谢老天爷，什么都忙完了，才让我得病。”

而我则进入一种“特殊状态”。除夕之夜陪着家人一起度过，夜里零点左右，我独自回到创作室，那里准备了足够的食品，我需要整块的时间突击写这部书。接下来的几天里，我穿着睡衣，蓬头垢面，吃完就写，累了就睡，睡醒再写，每天写作大概在 18 个小时，效率非常高。一直到大年初四的晚上，我接到了李国的电话，他约我在茶馆见面。尽管我有些不情愿，但还是勉强答应了。

在茶馆里，他解释说：“您上次建议我们把流程做成模块化，因为假期结束我们公司就要开会研究，所以想再听听您的意见。”模块化这个话题，是之前我们交流时产生的想法。目前正德康城把农村一二三产融合的案例做出来了，既有理论又有实战。可是如果把这个成果向全国各地复制呢？用什么方法？我的建议是将全部流程信息化、模块化，用互联网技术来实现。在这个建议的最初沟通中，范光杰律师也从法务视角对知识产权的保护提出了一些有价值的想法，最后我们确定正德康城将采取“智慧平台 + 咨询 + 技术入股”的形式进行外域市场拓展。我和李国就这个问题的架构又进行了一番论证。

聊完之后，我们从茶馆出来，发现外面飘起了雪花。整整一个冬天，几乎没有雨雪，我觉得这个冬天不算完美，所以看到雪花，我首先感受到一种浪漫情怀。而李国却面露担忧，然后他立即拨通了电话，让田园经理通知种植园农户把大棚的保温被升起来，以免大雪压塌大棚。从侧面看到他的眼神，我又回忆到除夕他说的那句话，突然心生悲悯。一名真正的创业者，需要承载的东西太多，付出也太多。创业很美好，但从来都不是一件惬意的事。

当人们都还在享受春节假期与亲友团聚的时候，我抽了一点时间，和李国一起拜访了一位放假回乡过年的兄长。他在机关部门工作，但是从我们的内心里，更喜欢把他当作老师。实际上，他对农村一二三产业融合颇有研究，之前我在济南拜会他的时候，他对这本书的撰写给出过一个非常好的建议：跳出农业看农业，用自己最擅长的视角和表现手法来撰写，从管理学的角度去解读三产融合创业创新案例。他这次春节回老家，岂能放过这个难得的学习机会，于是我和李国约他一起喝茶，一起聊正德康城的创业构想。他听了李国当面详细的介绍后，表现出浓厚的兴趣。他对正德康城的战略规划及具体执行提出了专业性的意见，包括对已经形成的二维码追溯技术进行提升，从单纯的平面图文升级为即时可视化，同时采用选择性回放来重现生产流程场景。

李勇，中国人民解放军军事医学科学院营养与食品卫生学博士，全科医师，现任中国营养学会和欧洲营养学会会员，有丰富的营养诊疗实践和教学经验，从营养的角度寻找机体疾病和不健康的原因，制订个性化的合理营养膳食方案，促进和恢复患者的健康。他在正德康城营养餐标准化制订工作中，给予了具体的专业指导，并与李国保持着密切的联系。

青岛农业大学合作社学院是隶属于青岛农业大学的二级学院，是一所专门培养合作社高级人才的教学机构。留日农学博士、中国工合国际委员会常务执委、中国合作经济学会常务理事李中华院长对正德康城十分关注，经常与李国进行交流互动。每年暑假期间，青农滕州实践队的学生们便会走进正德康城专业合作社，开展社会实践活动。李院长对正德康城的评价是：以人为本，以德经营，关爱健康，重视营养，在推动一二三产业融合发展的道路上风生水起，在产业标准化和规范化建设上孜孜以求。

李国不善交际，但是像李勇、李中华、范光杰这样的朋友还真不少。他与相关领域的专家、学者保持着密切的联系，这包括国内的营养学专家、培训教育导师、企业管理学者、农业院校教授、法务专业人士等，无形中形成一个庞大的企业战略智库。通常，遇到一些问题，李国会邀请各专业领域的老师们提出意见，然后再通过自己的分析进行融合。

李国对我说："我曾问过公司的员工，这些专家、学者的出现是否对他们有帮助？他们说有，但是不太明显。而我自己的感受是，我的受益最大，个人的内心每天都在发生改变，而且很明显、很深刻！"我笑着说："专家不是企业的具体管理者，无法参与具体的事务。我们的任务正是需要影响老板、影响企业的核心团队，并通过你们的转变，将好的理念和方法传递给下属，从而改变整个团队的行动。"（见图3－1）

在面临一些重要决策的时候，李国更是会频繁地与专家们进行思想碰撞。他喜欢就某一事情主动提出一个接一个的问题，也以非常开放的心态接受专家们的

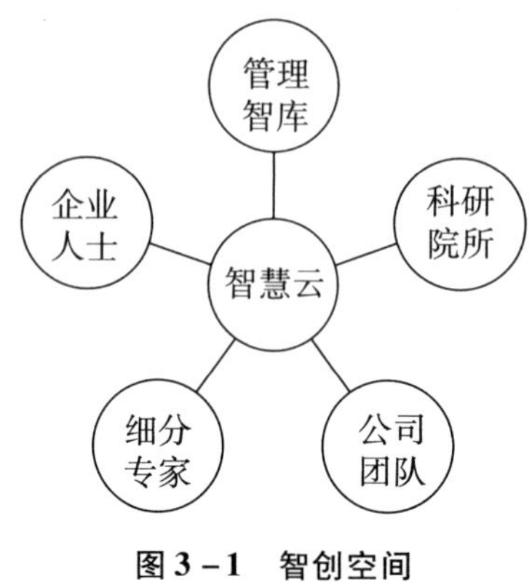

图 3－1　智创空间

质疑。

万达在做项目决策的时候，就采取内部博弈的方法控制风险。发展部门提出项目意见，成本核算部门针对项目提出质询，最少 50 个问题。发展部门需要用数据来回复这些疑问，否则不予通过。

不求为我所有，但求为我所用，才是真正的现代企业格局。将所有的资源，融合到企业可以共享发展的机制里面，便是最高境界。我们不妨换一种思维，把企业看成是一个平台，包括内部员工、外部智库、企业人士……所有人都可以在这个平台上获得价值，反之，这些资源同样会反哺平台。

3 一场众创的大赛 一份融合的大餐

这是一个高度同质化的商业时代，创新其实只是凤毛麟角。别人做什么，我就做什么；别人怎么做，我就怎么做；跟在别人背后似乎不需要动这么多脑筋。然而，就是因为这样，很多企业没有形成自己的竞争力。富有远见的李国一直在做未来，虽然做未来意味着需要更多的付出、承担更多的风险。他心中明白，自己勾画的这张蓝图，是卷起来的图纸，需要一层一层地打开。

在正德康城刚刚推进营养餐项目的时候，他观察到全民营养餐饮的意识并不高，那么企业就有责任为社会传导这种新的理念。于是，正德康城推动并承办了一场特殊的比赛。

媒体报道："这是一场营养与健康完美融合的比赛，也是一桌丰盛的养生保健大餐，更是一次向全市人民普及营养配餐、健康饮食的惠民活动。"

“正德康城杯”首届营养配餐技能大赛是由滕州市总工会、人力资源和社会保障局、商务局、食品药品监督管理局、工商联等单位主办，正德康城承办的。2014 年 12 月 5 日举行了总决赛暨颁奖典礼。

六支参加决赛的团队分别围绕儿童配餐、肥胖、骨质疏松、糖尿病、高血脂、高血压设计食谱，由其团队的公共营养师、中式烹调师、面点师选手们三人一组，进行现场烹制、参赛演说，然后由专家品评。比赛突出荤素搭配、营养均衡，选手说明营养餐的设计理念，营养成分分析及适宜就餐对象。

比赛现场精彩纷呈，高潮迭起，不仅有选手的不俗表现，还有专家评委到场做精彩点评。观众席上不时爆发出喝彩声。

在各种奖项中，获得最佳食谱的是骨质疏松症食谱设计。参赛团队分析了骨质疏松症形成的常见原因，如钙摄入量不足、维生素 D 缺乏、大量饮酒、蛋白质摄入过多等，并据此提出了配餐原则和一周的营养餐方案。

身为全国酒家酒店评定委员会委员、山东省评定委员会主任委员的本次比赛总裁判长感慨地说：“这次比赛为我们奉献了一桌丰盛的养生保健的精美大餐，承办方正德康城生产健康、理念超前，是全省企业的标杆。”

这样的活动，既是一次检阅，又是一次展示，更是一次各方融合的创造。正德康城汇聚了各方资源，政府主办、企业执行、专家指导、社会参与，起到了非常好的效果。活动过去了很久，还被市民津津乐道。

从那场比赛之后，正德康城学生营养餐的研发便由营养师、中医专家、西医保健医师和本地知名厨师共同参与完成，所出餐品围绕营养、功效、味道、外形四个方面，进行了综合的考虑。

4 唯一不变的是变化 他们眼中的融合

一边体验，一边碰撞，一边思考。渐渐地，“融合”这个词在我和李国的眼里，已经不仅仅限于一二三产业的融合。

实践出真知。李国有意识地开始通过各种形式在自己的团队中进行探索和检验。他在团队中开展了“关于融合

思维的大讨论”。用他的话说，这叫从群众来、到群众中去。下面便是员工讨论的观点：

田园：我们在工作中，有时候需要通过外力来提升自己，这就需要去学习借鉴其他人的经验和优点，吸收融合成自己的东西。融合就是“1 +1 大于 2”。

范钊吉：“唯一不变的就是变化。”如果我们每天都是墨守成规，按照原有的思维去工作，那么必将会被瞬息万变的市场给吞噬，消失殆尽。所以我们在日常工作中，要不断地去总结，不断地去融合，只有这样才能保证各项工作有创新、有突破。

马运峰：要把事物调和在一起，发挥最大的效能。我们的中央厨房，让切配、方便菜、熟化、面点，各个环节紧紧扣在一起，综合化管理，使中央厨房更加强大。

徐桂花：举个例子，有两个闲置铁桶，但是我现在需要三个铁壶，我完全可以把铁桶融化后制作成铁壶，这样，铁还是原来的铁，但是变废为宝了。其实在我们的工作学习生活中处处都在融合，工作和家庭需要融合，这样才会有幸福感可言；同事之间需要融合，这样才会配合得天衣无缝；我们自己也需要融合，这样才会让自己更优秀。总而言之，我理解的融合就是用最好的方法，得到最好的结果。

王玲：在工作中仅仅干好自己分内的事还不够，还要有团队精神、协作意识，让每个人的特长得到最大发挥，这是组织的融合。具体到餐厅的工作，就是要把各种知识、技能、经验、理念都融合到一起，形成一种自觉的心态，才能做好每一顿学生餐。

宋宇革：每一个程序都不是单独存在的，只有把这些程序相互链接才能使工作正常进行，而身为这些程序中的一员，部分对整体有影响，个人与组织的融合至关重要。

甘海楼：区域督导的分配就是一个很好的例子，一个人负责一个或多个区域，同时负责该区域不同的业务，不仅能提高员工的业务能力，还能为学校提供更快捷的服务，一定程度上还整合了公司人力资源，做到了节能降耗，如此“一箭三雕”将“融合”一词诠释到极致，真正体现到工作中去。

代琳：把重复、复杂的工作融合，反而会变得简单。像我们改革中的一体化报表，使工作变得清晰明了。

柳培培：财务部是公司的核心部门，但并不是独立存在，公司一直秉承融合的发展理念：由最初的财务部—财信部—运营财信部……融合的脚步从未停止。

李红霞：融合就是打破原有的固定思维，结合经验与思考，重新推出新思路、新方法。这是一种完善与更新。

胡朕厚：我个人来公司后，快餐店、质检、配送、发货、仓库，从前端销售到后方生产加工和后勤工作都做过，所以在处理各方面问题的时候，往往能快速找到根源。过往的工作经验，融合成了综合的管理技能。

5 三角原理塑人才 强将手下无弱兵

当年在北京创业遭受挫折之后，李国回到滕州，重新思考企业的未来。据他的员工讲，他们并没有在李总脸上看到沮丧，他好像还和往常一样。事实上，李国的内心经历了不为人知的挣扎。他开始注重团队培训，先是从北京、武汉等地请来专业团队对他的员工进行内部培训、提升。之后自己研究、学习，亲自做员工内训。遇到问题，他会组织管理人员的头脑风暴会，最长的一次会议，从早上开到晚上十点，十几个小时，中午在会议室吃饭，讨论、碰撞、确定方案。徐莉回忆起来那次会议，说“脑子都要爆炸了”。

作为三产融合企业，正德康城还处在初创期，所以上下压力都很大。公司总部的科室人员，周末只能休息一天，但是公司允许职工周末带孩子上班。李国信奉那句“三人行必有我师”，鼓励团队成员“每天学习一点点、每天进步一点点”。在用人上，他们有个“三角原理”：用机制吸引人才，用培训塑造人才，用文化留住人才。

由于是从商业跨界到农业、加工业，所以正德康城里的女性比较多。很多人都是从营业员做起，跟着李国南北征战，得到了很好的历练，进入企业管理层。这个团队的娘子军，可真是“不让须眉”。

在正德康城管理层，徐莉是位老大姐，大大咧咧，性格比较直爽。由于心态好，她看上去比实际年龄要年轻，而且很时尚。

有一次外出进货，她有过勇斗歹徒的经历，伙伴们背地里都叫她“女侠”。她早期在国有商业企业工作，后来单位效益不好，她曾在幸福小区开过两年服装店。2004年，正德康城荆善安居店筹备期间招聘员工，徐莉本来是陪着侄子去报名，后来自己也报了名，被录用。她刚去上班，见到一位穿着竖纹衬衣的“装修师傅”，那衣服磨得花纹都没有了。这位“师傅”不太说话，帮着安装、摆货什么的，干得很认真。徐莉心里说：这师傅还真能干、不偷懒！后来全体员工开会，她才惊讶地发现“装修师傅”竟然就是公司老板李国。多年后，这件事儿还成为笑谈。

徐莉刚开始分配在洗化组做店员，因为有商业经验又很热心，很快成了洗化组的带班组长。二楼开业的时候增加了服装零售项目，李国就开始创新，推出了定制化服务。顾客可以按照款式预订服装，徐莉就被派出去采购、订货。她在济南一住就是半个月，顾客的预订单过来，她就从济南往滕州发货。2007年，正德康城翔宇店开业，徐莉调到营运采购部，原来一直是门店现场、走动式管理，这位平日里风风火火的“女侠”坐在办公室里觉得很别扭，写计划书时索然无味，好长一段时间才适应。正德康城原来采取传统的营采合一管理，后来新店开得多了，决定打破单店模式以连锁业态操作，实行营采分离。李庆负责营运部、徐莉负责采购部。

采购就要经常东奔西跑，徐莉的足迹遍布杭州、常熟、济南等地，也顾不上照看十来岁的儿子。那时候物流不发达，她和张爱萍一起去进货，要半夜爬起来赶火车，到了地点跑市场选货，然后背着几十公斤重的货返回。火车没有座位的时候，站半天是常有的事儿，还要看着货，不能打盹。一般情况下，中午是吃不上饭的。

正德康城的员工很朴素、很能干，但是总体学历、知识水平不高。2007 年，为了适应企业发展需要，李国提出，开展全员普及电脑操作，名曰“大扫盲”。他在公司设了电脑学习间，外请了计算机老师，亲自督促大家学习。这下子把徐莉愁坏了，因为儿子上学时喜欢玩电脑游戏，经常逃学出去上网，耽误了学习，所以她内心对电脑充满排斥。用她的话说“只会用拔电源的方式关机”。因为这种心理，所以她死活不愿意加入到学电脑的行列中。李国多次找她谈话，告诉她今后企业管理中的很多流程需要计算机来完成，公司马上要启动 OA 系统，如果不能熟练操作电脑，就会被淘汰了。可是徐莉还是执拗地说：“再让我学，我就不干了。”为此，李国和徐莉吵了一架，最后李国撂下一句话：“只要你一天没辞职，就得学!”吵完之后，有效果了，徐莉憋着一口气去学，费尽了脑筋，最后还真学会了。

80 后的李庆，是一名瘦弱的女子，说话做事却十分干练。第一次见到她是在公司的一次交流会议上。轮到她发言的时候，她从自我学习与塑造，到团队的磨合与提升，讲得头头是道。她说话语速较快，我形容她是讲话不用标点符号。

1998 年年底，初中毕业的她，在西市场的一中文化用品批发部打工。正好赶上李国的妻子张爱萍怀孕，不方便出去进货，这个十几岁的小丫头就担起了这个差事，独自去临沂市场进货。那时候结算都是用现金，每次进货都要带上万元钱，李庆就用长筒袜装上钱，系到腰间，搭别人家的零担车去临沂。颠簸两个多小时，到了临沂，她再坐人力三轮到达文化批发市场，选货、下单子。都快二十年的事儿了，说起当时的生意，李庆的话里仍旧充满自豪感："当时我们的文化用品批发部生意好极了，别人卖不出去的东西，拿到俺们店里都能卖出去。"

这之中，李庆曾经出国"溜了一趟"，公司的同事戏称她是"海归"。一个偶然的机会，李庆去了日本的一家食品制造企业，在那里打工几个月。回国后，正德康城正在进行校园超市的布局，李庆重新归队，并投入到校园超市的业务拓展中。2007 年，正德康城开出第一家校园超市，到现在已经发展到 23 家。后来李庆调到公司人力资源部，培训、招聘事务繁多，她生娃的时候只休息了四个月就来上班了。有一段时期孩子没人看，她就抱着娃儿来上班，辛苦极了。

李庆和李总也发生过争执。在翔宇店的时候，李国请了国企的人力资源总监，教员工学习做电子表格、函数，展示作业的时候，李庆没按这个思路走。当着全体中层干部的面，李国就开始批评李庆。李庆被批得没面子，就急了，说了句“不干了”起身就回了自己办公室，还插上门。这下可把李国气疯了，敲不开门，他就用脚踢门，门被踢了个洞。打开门后，气得李国都不知道说什么了。不过，李庆毕竟是跟了公司多年，双方互相妥协，这事也就过去了。

巩永师傅做了几十年的厨师，2012 年进入正德康城。他说：“过去，厨师在餐厅里，身份低于老板、高于其他员工。”由于这种原因，厨师一般比较任性。但是在正德康城，通过平时开会、研究甚至是争执，他自认为改变了很多。他的很多朋友都是厨师，传统厨师都是师徒制，大部分都已经带徒弟。巩永和他们聊起正德康城这些理念，他们都没听说过，感觉李国说的话都很新潮。做厨师就是做菜，但是在这里不仅要会做菜，还要懂研发、会管理。

做标准化的时候，巩永对这件事很抵触，李国对巩永说："最难改变的就是你们厨师。"鲁菜技法操作很多，需要炝锅、火候等，李国说标准化，巩永不能理解。李国就亲自试验，亲自演示，逐渐还真摸索出来了。几年来，推行标准化见了效果，比如正德百姓营养餐厅，中央厨房这边粗加工，那边的厨师在餐厅内按照标准烹制，口味也不会发生变化，不会因为厨师的心情发生波动。公司所有新进来的员工，都要求学电脑。连巩永这个年纪的也被李国逼着学。

在最近的一次公司会议上，巩永说："我现在能熟练地用电脑做表格、拉菜单。只要用心做，在质量、流程、速度等方面还能有提升。虽然我这个年纪了，但是和公司的年轻人比，我不服输！"李国当即拍手叫好："我就想听到你这句话！"

姜笑，一位戴着眼镜的小伙子。他在公司人力资源部工作，同时还负责文案。他平时没有多少言语，但是执行力特别强。如果需要，就是半夜给他电话要个资料，他也能在浩瀚的档案资料中给你找出来，通过手机发给你，我称他为万能资料魔术师。

正德康城走到今天，就是因为这个组织里有很多像徐莉、李庆、田园、范钊吉、巩永、刘勇、马运峰、徐桂花等这样的忠诚员工，以苦为乐，毫无怨言，大家就像一家人，每个人都释放着自己的智慧与力量。

里德·霍夫曼在《联盟》那本书中，诠释了互联网时代背景下企业与员工新的关系。联盟下的员工从业设计分为轮转期、转变期和基础期。基础期的员工保证了整个企业的稳定。在联盟思维下的企业与员工，是互利的，并以实际的合作提升对方。企业给员工成长的经验，让员工今后更有价值；优秀的员工，给企业带来创新改变，并给团队带来正向的影响。正德康城的三角形人员结构，基础期员工在底端，牢牢地堆砌成公司发展的坚固基石（见图3-2）。

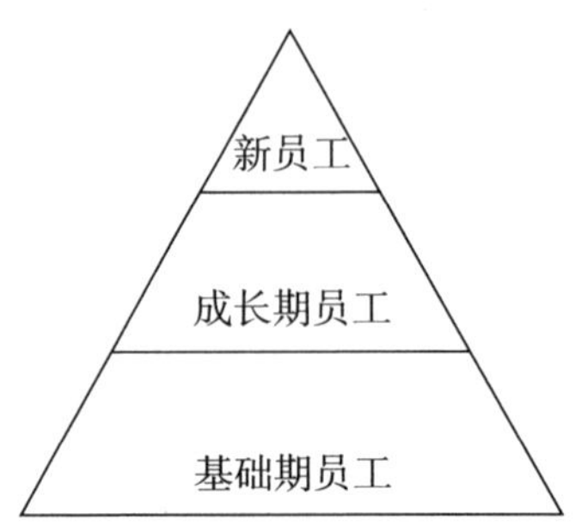

图 3－2　基础期员工是坚固基石

6 眼放远、脚踏地 农业梦也可以很绚丽

作为一家创新型的涉农企业，山东省农业厅、枣庄市和滕州市的农业、食药、财政、粮食等有关部门和驻地党委政府都非常关注正德康城的发展。

市里刚刚开过经济工作会，姜屯镇的党政官员就带着会议精神来到正德康城，用了大半天时间，到他们三个产业的代表项目现场细细地看了一遍，然后和企业相关人员进行了深入座谈。他们针对正德康城的产业规划、经营策略、品牌塑造等方面提出了建设性意见。比如，如何挖掘产业内涵的问题，如何提高现代农业管理的问题，如何通过现代科技手段进行项目综合展示的问题，如何将线下产业与移动互联网对接的问题等。

李国听完之后很兴奋，晚上又给我打了三个多小时的电话，讲述他关于农业基地建设的新想法。

我说："李总，你好像又疯了。"

他说："郑老师再和我们一起疯一把！我们今晚都思考一下，正德康城在现有条件下，如何丰富一产的业态，咱们再来一次创新大融合。"

我知道李国又开始织梦了。这是一个不畏艰辛充满情怀的新农人之梦，这是一个五彩绚丽的新型农业之梦，只要脚踏实地，梦想便可以成为现实。他新的构想是为了利用已经成型的农业基础，挖掘内涵，继续丰富三产融合业态，催生新的"物种"出现。

第二天，李国约了我和山东省马铃薯协会会长、枣庄市烹饪餐饮业协会会长、部分农业专家一起，开始研讨农业基地中新项目规划问题。

李国不愧是做三产融合的，在工作中他处处都能想到用融合的方法解决问题。比如像这样的专题研讨，我发现李国用的就是“融合大法”。这次李国是将中央精神、地方政府思路、专家思想、企业思考、用户思维进行了一次深度融合，他在这多个方面找到了最大公约数，变成可操作、可落地的执行方案。那个时候，我的心中就开始萌生出研究“融合论”的初步想法。（关于对融合智慧的思考，详见第四章。）

经过思想碰撞，一个新的构划形成了——以原有的休闲采摘区为依托，扩大农事体验项目，为每一个季节设计相应的主题场景：比如春天采摘圣女果、各种绿色蔬果，夏天采摘向日葵、陆地青菜，秋天扒红薯、收花生，冬天采摘草莓、看雪景等。开办“小厨神”DIY（自己动手）项目，让来采摘的孩子在父母的陪伴下，由食育老师教孩子们蔬菜加工和简单的烹制手艺，培养孩子们的动手能力和生活技巧。开办会员制菜园认领项目，蔬菜轮作区种植餐饮常用的蔬菜，主要种植菠菜、白菜、油菜、生菜、茼蒿等叶菜，采取会员认领的形式保证健康蔬菜的定制化供应，市民成为会员后可以由正德康城技术指导、自己种植，或者委托正德康城代为种植，由公司定期统一配送到会员家中。

在和几位专家的交流中谈到未来的设想，李国对正德康城的发展目标进行了这样的描绘："正德康城将融合理念优势、产业优势、品牌优势、技术优势，通过创新驱动，更好地盘活农村土地，提高农产品附加值，形成产业规模，扩大就业岗位，全力打造中国农村三产融合实验室、中国校餐服务模式孵化基地。"

打造中国农村三产融合实验室、中国校餐服务模式孵化基地——作为一家县域的中小企业，这个梦还真不小！当然，企业的梦想是需要资本与效益来支撑的，如果没有创新的商业模式，就难以走得更远。关于其商业模式的有关问题，我从专业角度进行了讲述："以智慧平台方式进行输出，如三产融合技术流程和校餐整体解决方案的咨询、自主研发设备的销售、核心部位的专利及知识产权授权使用、商业运营模式的复制等。最终形成一产为耕者谋利、三产融合为目标的高效现代化农业；二产为工者兴业、连接一产三产枢纽的新兴低碳加工业；三产为食者造福、依托全产业优势的绿色生态健康服务业；打造三个产业相互依托、相互促进、融合发展的全新产业业态。"

这里所讲的全新产业业态是什么？那就是"新六产"。其实，在正德康城打通了绿色种植示范基地、中央厨房、校园餐厅这三个产业的时候，新六产的雏形已经初具，智能化、互联网、标准化、二维码追溯体系等要素的加入，实际上也就是向现代农业4.0迈进。而李国期望在更多层面上进行融合实验，通过创新催生更多的新物种，为生成新六产构建多渠道通路、多元化分子。（关于新六产的形成，在第四章有详述。）

春天是播种的季节，李国怀揣着新的梦想在这个春天里又开始扬帆起航。说干就干，规划确定之后，正德康城的农业基地新项目就进入了设计、实施进程，李国带着团队投入热火朝天的项目建设当中。

【对话】企业即平台

郑锋： 员工的薪资并不算高，环境也不算多么好，那他们为什么都跟随公司这么多年？

李国： 平时在工作上要求严，但是生活上我还是很关心的。一起工作时间长了，大家对企业就有了一定的感情。员工其实期望的并不多，他们需要一份稳定长久的工作、一种内心的归属感。还有就是一些人年轻时来到公司，应该说通过历练，也学到了不少东西，对个人成长是有帮助的。

郑锋：说说你团队的优点和缺点吧。

李国：优点是执行力强，有奉献精神。无论男女老少，急难险重的工作都能按时完成。再就是非常团结，就像一家人，家文化浓厚。缺点是独立思考和决策的能力弱，下级对上级的依赖太重。员工靠中层、中层靠副总、所有的人都靠我。所以我比较累，干部都很累。

郑锋：这是很多中小企业的通病。如果一个企业对创始人的依赖较大，其实是有风险的。你有没有试图去改变？

李国：一直在试图改变。上次你给我们提出分级管理和项目化的建议，我们正在实施。未来希望随着公司的发展步伐，将部分业态变成独立核算的单元，让有能力的人都独当一面。

郑锋：如果将来启动外域市场战略，是需要更多现代企业管理理念和元素融入的。如何解决这个难题？

李国：我有一个奇怪的梦想，未来的正德康城，应该是没有几名员工的。企业与员工合作，与有梦想的人合

作，与有能力的人合作，与有资源的人合作，与所有可以合作的人合作。

郑锋：我理解你的想法，企业即平台，每个人都可以在这里舞出风采。而你只需要不断创新、研究产品，剩下的工作以不同的合作方式推进。

李国：是的。但是这需要时间，也需要遇到那一颗颗真正的“星”。我们企业一直敞开胸怀，等待有德、有才、有梦的人士来同我们握手。

郑锋：人才是企业发展的关键，所谓竞争，最核心的是人才竞争。在这个时代里，真正能够落地的知识和科技是稀缺资源。

李国：你有一篇文章写得特别好，《技师和大师的区别》。很多人一件事做了十几年、甚至几十年，为什么没有成为专家，那就是“做”和“想”的区别。如果仅仅是去做了，一直做到熟能生巧，那么最高也就是成为好的技师。如果不仅有行为上的探索，还有更多关于原理方面的思考，关于存在问题方面的追问，关于其边界学科的研究，关于趋势方面的洞见，当这些东西都想通了，就成为大师了。

郑锋：我发现你身边就有很多专家学者。他们都在关注着你们企业的发展。你是怎么做到的?

李国: 首先我们非常尊重专家老师，但不是那种虚伪的奉承，而是发自内心的尊重。很多专家的思想理论在我们这里实践应用了，也是对老师们研究成果的一种检验。我们愿意拿出成本去做这些有意义的尝试，把企业当成专家们的实验室。其次我们企业做的事情是有现实意义和社会价值的，既然是好事，是善举，老师们当然从内心支持。因为我们企业价值观和专家们的价值观并轨了、融合了。

郑锋: 正德康城如果进行创新成果复制，那就意味着企业将进行全面的平台升级。比如加快互联网 + 的进程、加快进行数据化整合，这对你的团队是一个挑战。

李国: 我们未来的设想，是围绕需求构建新平台。这个需求有两层意思，一层是消费用户需求，一层是创业者需求。我们将通过人性化的机制建设，凝聚多方的创业者、创新者，共同推动平台的快速成长。

郑锋: 这样说来，企业便真是成了“众创空间”“智创空间”，员工、创业者、合作者、思想者共同创新创造和创业的实践基地。在这里，思想交互，思维碰撞，创新频出，群星灿烂。

第四章
融合的奥秘

马云说："我以前最早学习道家哲学，从中明白到了领导力，而儒家思想讲究管理，佛家思想讲究做人，三位合在一起，方为中国文化的精髓。"说起"太极禅苑"的名字，马云解释道："道家讲究和谐，儒家讲究规矩，佛家讲究包容。我从太极中悟到，事情并没有好与坏，关键是看你怎么看。"

在对正德康城案例的研究中，我发现他们善于将各种思想、事物和方法融合在一起，来解决问题，实现突破。这是一种智慧的融合，更是一种融合的智慧。

1 叮咯咙咚呛 融合论初想

在管理学的研究和实践中，我一直在思考，有没有一种理念可以指导人们运用正确的思维方式来解决管理中的问题。如果能解决大部分问题，那么一定是基于管理背后的原理和逻辑，就是我们所说的“道”。如果能找到这种理念，那么是不是意味着就能够研究出基本的方法和路径，从而提高创业创新的水平。

当地一位德高望重的老领导曾经对我讲：“正德康城做的很多事都是创新的，也是对社会有益的，只是缺少系统的总结。”所以，在采写正德康城案例的同时，我也在利用我的专业帮他们对管理方法和关键成果进行梳理、提炼。我的脑海中陆续做了一些小结，比如平台思维：企业其实是一个平台，聚合各种要素，发挥综合优势；共享经济：信息共享、资源共享、利益共享、未来共享；解决问题的延展思维：事物之间必有联系，合并解决必有方法；产品的力量：研发以消费者核心关注点为要义，产品通过物质层面介入消费者的内心；颠覆式创新：敢于打破惯性……但是这些都还是碎片化的思考，没有一条思维方式主线贯穿其中，不便于把握他们管理实践的精髓。

这期间，有两件事对我触动很大，并让我联想起他们工作的一些细枝末节，由此产生了深入探究“融合智慧”的想法。

李国用微信给我发过一个链接。我打开一看，是CCTV3的一档综艺节目，叫《叮咯咙咚呛》。主持人的开篇词是：用时尚向经典致敬，将传统酷给你看。我看到这个是第二季陕西篇的几个节目，当时就被吸引了。这个由时尚歌手和地方戏曲传承人共同演绎的节目，嗨爆全场。这是一次传统与现代的跨界融合、颠覆创新，最终展现在舞台上的是一种全新的艺术形式。李国在公司培训会上，数次播放这段视频给团队成员看，结合这期节目讲如何进行企业创新。

在商战中，在遇到对手的攻击时一般企业会给予回应。我听李国身边的人说过一件事，2013 年，正德康城下面一个超市遇到一家竞争对手，物色着准备在他们对面开店。李国听说之后，主动去人家公司拜访，开门见山，站在对方的立场上帮他们分析利弊：论实力，正德康城比你强，你过来“抢地盘”，两家势必“开战”，什么广告战、价格战、促销战，花的都是真金白银，破坏的却是好端端的市场。你想做这个生意，不如我帮你们选个好地方。正德康城的经营业态比较丰富，说不定我们两家还可以合作开发其他方面的市场——最终，两家握手言和，李国帮着他们选了新址，对方撤出了正德康城的服务半径。后来在其他业务的开展中，他们也成了合作伙伴，而且合作得很好！

“融合”这两个字，一直在我的脑海中反反复复出现并逐渐强化。我试着用这种方法去分析正德康城他们所做的一件件具体的事，发现这里面果然有融合的痕迹。我又去研究了身边比较熟悉的几家中小企业的管理方法，这里面也有融合的影子。然后我又把视野展开，查阅了国内一些著名企业的管理案例，得到的答案是一致的，大量企业都在应用融合的思维与方法。

腾讯作为互联网巨头，是如何看待融合的？马化腾曾进行过深度剖析，他说："我相信未来是越来越生态化，也就是各行各业都术业有专攻，每一层次都有专业公司出现，大家可以更和谐，当然有竞争也有合作，未来是一个竞合的时代。"什么是竞合？即合作竞争理论，企业经营活动中一种特殊的博弈，是一种可以实现双赢的非零和博弈。

海尔是全球性家电品牌，正在从传统制造家电产品的企业，转型为面向全社会孵化创客的平台。在进行线上实践的时候，其发现线上和线下显现出抵触和矛盾。为了解决这个问题，海尔提出将通过"店商、电商、微商"三商融合，形成一个良好、开放的生态圈。海尔电商总裁 、顺逛微店 CEO（首席执行官）宋宝爱说："海尔商城上把定制、官网、海尔店、会员都融合在一起，不管是专卖店、综合店、乡镇店还是村级店，都完全融合在一起，我们把内部与物流、服务、研发资源、营销资源、工厂资源，完全打通，其最终的目的就是希望能够获取用户的终身价值。”

融合通信是指把计算机技术与传统通信技术融合一体的新通信模式，在一个网络平台上实现电话、传真、数据传输、音视频会议、呼叫中心、即时通信、OA 办公等众多应用服务。打开华为融合通信的官网，可以看到这样的介绍：华为融合通信可满足企业移动化、视频化和协同办公的需求，可灵活适配从 SOHO（家居办公）工作室到超大型企业的差异化用户规模需求，最大可支持 40 万用户容量——这便是现代科技融合的案例。

“互联网思维”是个很火的词，打开管理类自媒体，翻开财经类报刊，参加各地的营销沙龙或企业管理论坛，互联网思维这个词频频进入人们的视野。企业家在讲、专家学者在讲，连大学生们都在讲，可是，到底什么是互联网思维呢？

我个人认为，“互联网思维”是在互联网背景下传统市场思维的升级版，是一个时代的思维转变，是一种更加开放的思维方式。

所谓互联网思维，一定是在传统思维中演变而来，绝不会是天上掉下来的。仔细对照，我们会发现当下的经营思想更精确地表达和延展了过去的一些想法。比如现在讲的“产品核心”“产品为王”，在过去，我们难道没提到产品核心的概念吗？20世纪80年代很多中国企业就提出“打造一流的产品”“产品是企业的生命”。再比如现在的“用户体验”，过去的企业也一直在“顾客是上帝”“让客户满意”中寻找最佳的用户体验。

也许有人说：“难道互联网思维是新瓶装旧酒吗？”那倒未必，上面已经说了，这是一个时代的思维转变，是在前人经营思想上的延展和升华。

所谓互联网思维，一定是基于互联网技术而发生的，离开了技术的支撑，是无法实现的。比如说“粉丝经济”，如果没有互联网技术的支撑，靠你到各地开大会、弄讲座，你有上万的粉丝已经不简单了，更别说百万、千万级粉丝了。所以，互联网思维是基于这种传播与交互技术而催生的思维转变。

也就是说，互联网思维其实是管理思想、创新理念、科技背景、用户需求的大融合。互联网思维说到底就是全新的融合思维。

我把关于融合论的初步想法说给李国，李国兴奋地回应道：“这个总结很到位！像我们一直在做企业，遇到问题就想办法去解决，更多的是研究工作的方法和技巧，但是并没有细致地去总结提炼思维方式。这一下子让你上升到理论层面了。”

2 融合出生态
落地实践看正德

我们通过不同的场合与途径，围绕融合论初步构想向有关人士征询了意见。一组人员是中小企业管理者，一组人员是专家学者。反馈的信息是，大家对这个理论的构建表现出浓厚的兴趣，并通过交流、碰撞，初步印证了融合具有的广泛适用性。

在正德康城的诸多管理实践中，我梳理出了一些脉络，以便让读者更清晰地看到他们融合的路径。

正德康城致力于打造“绿色农产品示范基地—系统化中央厨房加工—全程冷链物流配送—营养健康校园餐厅”完整产业链，最终形成破界成新、健康循环的全新生态链，成为农村一二三产融合发展的典范代表。

各个产业是有序的并列关系，通过链条串起来，但还不是真正的融合。而在中央厨房这个环节，则通过技术手段，对一产和三产的标的物从外在形态上进行了融合。再深一步看，一产中融入现代管理理念、市场化运营思维，调整产品供给结构，提升农业绩效和农产品品质；二产以科技研发、标准化等来保证产品质量、生产规模与效率，同时大大降低成本；三产借鉴二产流程化管理输出产品与服务，提高用户体验；三产消费端的需求信息反馈至一产，实现农业供给侧结构性改革，指导一产的农业生产计划。整个产业通过效益的提升，反哺农业，促进现代农业发展，增加农民收入，并为返乡下乡和本乡人员创业创新提供实践课堂和广阔舞台（见图4－1）。

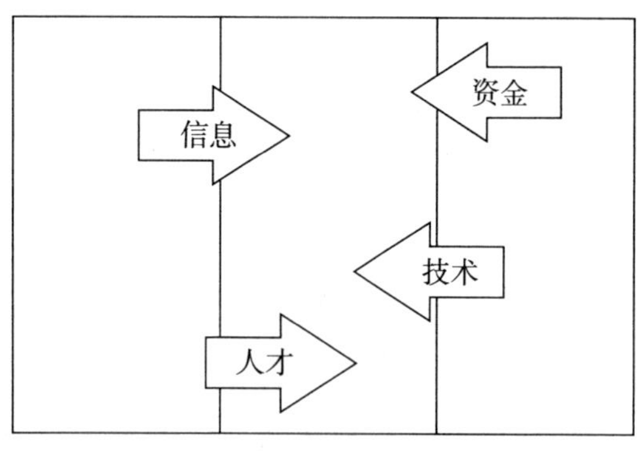

图4－1　通过要素流动去边界

如果做一个形象的比喻，三个产业就像并排的三间房屋，现在需要把中间的隔断墙打掉。这就牵扯到几个问题，第一，这三间屋必须是框架结构建筑，顶层设计要全面和系统；第二，你要采取什么方式把墙打开；第三，打通之后的效果是确保空间产出价值倍增。

框架结构是指战略，在产业构建之初就应该确立这样的框架，并围绕其做好基础和铺垫；打开方式是战术，也就是路径；打通之后的便是融合的结果，让三间小屋成为一间大屋。在各个产业之间，企业通过对信息、技术、人才、资金等要素的有序流动，使三个产业的边界趋向模糊化，最终完全打通这之间的障碍与壁垒，形成了一个新的整体。即“1+2+3=6”，成为新六产。当新的这个整体出现，内部、外部所有的生产经营和创新资源都将向需求点靠拢，形成强大的自我调节机制（见图4-2）。

从价值链上看，通过三产的需求引领，农业进行规模化、市场化生产运营，农产品经过中央厨房的统一加工，成为半成品，价值翻倍；中央厨房的技术优势、设备优势使加工成本大大降低，在降耗中提升了效益；这种复合的倍增效益又在三产消费端得以体现，即“1×2×3=6”。

从供应链上看，农户种植的菜果由正德康城合作社按

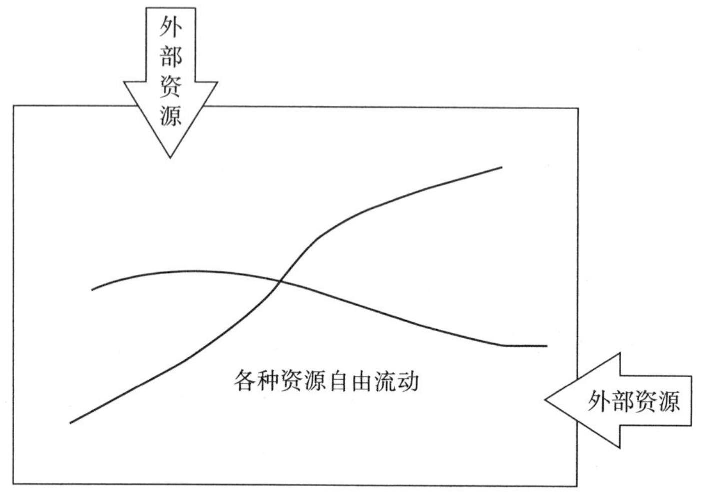

图 4-2　破界成新

质量标准以高于市场的价格直接收购，通过集中加工进入市场端，减少了过去由市场大户低价收购，再进入批发、零售的环节，使合作的农户成为正德康城的“供应商”。这种利益引导机制，也使农户从过去单纯的追求量，向质、量并行转变。

李国还在此基础上进行了推演。1、2、3 的数字排列也很有学问——三个产业，以 1 开头，可以是 12、13、123、132；以 2 开头，可以是 21、23、213、231；以 3 开头，可以是 31、32、312、321。这组有趣的数字表明，三产为龙头、二产为枢纽、一产为基础的排列，效益值数是最大的。正德康城打造的便是这种终端型业态。

除了产业方面的融合实践，在正德康城的管理中，还以中国传统的规矩意识、执行力、工匠精神等为基础，借鉴了西方管理学中的个性创新和颠覆思维。在人才集聚方面，外部智库、科研院所与企业团队的深度融合，形成了一股智慧云，使这个企业能够以更新的理念去大胆实践。在平台建设方面，正德康城正在探索研发互联网 + 的模式，为外部的监管部门、社会机构、创业者和内部的管理者、执行团队都预留接口，使未来的正德康城更趋向于成为一个四通八达的共享共建平台。

乐视作为一家互联网企业，一方面令人瞩目，一方面又备受争议。但是无论如何，他的生态圈构划仍然是美好的。进入乐视的官网，有一幅模型图，全面表达了这家企业的价值构想：价值重构、价值迁移、价值共享、价值创造、价值多维……“我心中的生态理想世界，一切可以破界流动”，贾跃亭曾经这样说。他的这句话对李国触动很大。

生态是指生物的生存状态，以及它与外界的关系。生

态链是自下而上供给、依存、衍生的各物种之间的链接；当这个链与物种及周边更多关联事物发生融合，形成了循环系统，生态圈就产生了。产业链的更高层面是生态链，生态链的终极状态是生态圈。

对企业来讲，这里有两个层面的东西可以探索，第一是按照整个产业流程脉络形成的自然生态循环系统，第二是围绕商业模式构建形成的商业生态圈。

关于这个自然生态循环系统，李国曾经描绘了多个场景：比如在土地上种辣椒，在地面散养鸡，鸡粪发酵后作为有机肥；比如种植芹菜，到了收获季节，在田头进行初步打理，把根上带的泥土折回到土地，叶做芹菜馒头，茎做菜品，根做咸菜。在中央厨房，机械化集约生产，电脑智能控制，机械手炒菜。由专家、营养师进行合理膳食搭配，保证营养健康。在校园餐厅，加工过程中不用锅炉、不使用液化气做燃料，使用生物燃油（甲醇、乙醇等）、生物质燃料（植物秸秆压缩颗粒），均通过电脑控制。一火多用，利用余热回收，通过蒸汽发生器进行生产加工。利用太阳热能将阳光聚合，运用其能量产生热水、蒸气和电力。学生一边就餐，同时感受传统文化，学习食育知识。剩下的饭菜，统一运送到种植基地发酵车间，制成有机肥用于农业种植。三个产业所有的环节，都从绿色生态的角度上去设计，从而形成一种以资源最佳利用为主题的良性生态循环系统，让所有的东西都发挥出最大效能和价值。

正德康城理想中的商业生态圈是什么样的呢？一二三产融合的结果，是出现一个新的物种。这个新物种包括三个产业各自的生态，以及由这些生态共同形成一个大的生态圈。以一产为基础的圈层要素包括：农业科技知识导入—针对农户的指导培训—农户的订单化种植—会员制市民的果蔬认养—儿童采摘及农事体验—绿色食品的现场烹制—废物转化肥料—土地涵养；以二产为基础的圈层要素包括：食品安全监测—营养师介入—烹制标准—餐品研发—中央厨房总部—分中央厨房—移动互联网平台信息编制—食育知识编制—冷链物流；以三产为基础的圈层要素包括：供餐—移动互联网信息互动—食育教育—四点半学校—废物转化。三个产业的生态，不是各自独立的，从“链接”转向了深度融合，各种要素按照供需关系发生关联，促进整个大生态圈的不断优化。

正德康城正在依据它自有的生态体系特点，进行创业创新流程的数据化、信息化、模块化再造，便于将正德康城农村一二三产融合成果复制给更多的农村创业者，最大限度地发挥示范引领作用，打造理论实践结合、产业业态丰富、发展触角多元的中国农村三产融合实验室、中国校餐服务模式孵化基地（见图4－3）。

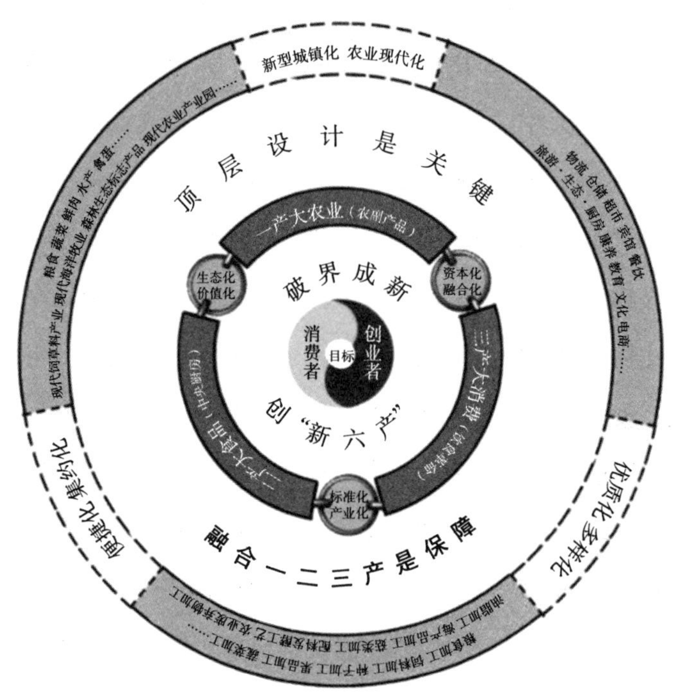

产业链相加　价值链相乘　供应链相通　生态链相融

未来农村一二三产融合生态链图

图4－3　正德康城产业生态思考

不过，从实践中总结提炼出来的管理理论，是自下而上的，也是原始朴素的，它的特征是草根化、碎片化、具有一定的特殊性，高度和广度不够，没有形成系统。这就需要二次融合，即企业实践者与管理学界之间的思想碰撞。作为一名管理研究者，我对案例的研究方法是：从深度介入式体验，到样本分析，拿出初步的结论再与企业进行交流，然后放开视角，从整个时代的创业背景上来思考和形成观点。所以，关于融合论，只是在这提出一个浅显的观点雏形，供大家思考。我们在后续的时间里还会有深入和细致的研究。

3 从孤立到相融 探寻融合的路径

在对正德康城案例的研究中，由此而产生了融合性思考，我们将“融合”的过程分成三个阶段：组合（初级、形式上的）—整合（外在、物理上的）—融合（内在、化学上的）。孤立、交互、排斥、再交互、融入——这应

该是融合过程的形象比喻。

比如，把几件金、银、铜饰品放在一起，把它们摆出一些造型，这叫组合；把几件饰品套在一起，或者用好看的链子串在一起，使其从外在上看成为一体，这叫作整合；把它们加热融化后，重新打造出一个新的工艺品，就叫作融合。一家企业与另一家企业简单的合作，叫作组合；两家企业资源共享，发挥优势，叫作整合；两家企业由内而外合为一体，发挥最大优势，叫作融合。

如果你有一产、二产、三产，但是彼此并无关联，那就是组合；如果三次产业都连起来，并且实现优势互补，那就是整合；如果不仅连起来了，而且达到理念交融、业态渗透、资源流动，那就叫融合。

融合是方法论，并不能解释所有现象。也就是说，不是所有的人和事都做到融合，所以大部分是平庸的。而只有做到了深度融合，才出现了新的创造、新的结果，社会才会进步。哪一项科技发明都不是凭空而来的，一定是融合了专业知识、经验、外界触发与独立思考等各种因素。

融合应该是一种事前思维。“融”是动作，“合”是结果。从融合的观点上看，一定是预先的、有准备的、有步骤的、成体系的“融”，最终才能达“合”。好的融合，称为有效融合；更好的融合，称为最佳融合。

关于产品创新方面的融合，你的产品出来之后，再去修整，这批产品将永远无法达到完美。而在生产之前，就带着一种理念研发出来的产品，才可能做到极致。所以，产品的功夫必在之前，而非之后。之后的叫什么？弥补！再换个例子，如果等到身体出现了问题，再去治疗、饮食调理、健身，得到的最好结果是改善，但永远不会达到没生病之前的样子。所以，健康的功夫也必须做在之前。

融合路径是：寻找融点，形成链接，破除边界，基因重组、流程再造、融汇出新、涵养生态。

首先要研究标的物与外界事物的联系，并寻找外界与其发生溶解反应的融点和可能性。依据这种预判，使事物之间产生链接。外在的链接产生后，要破除这之间的边界，或者称为模糊化、消融，使几种融合的事物成为一种新的整体。在这个新的整体空间内，对内部基因进行优化、重组，对流程进行梳理、再造。最终融汇成新的物种、新的生态，其释放的能量对整个生态产生积极的作用。

4 大道融合 创造新物种

关于融合的解释，有溶解、熔化、调和、和洽之意。从“融”字上看，鬲（音lì）为古代的一种盛器，和鼎相似，为烹制用。我们以丰富的想象力穿越时空，回到远古时代，可以看见这样的场景：先人们在丛林中狩猎，在田野中采摘，他们将收获的动物、菜蔬放在盛器里烹制。炊烟缕缕，弥散着生命部落图腾迹象。烹煮即是食物的一种融合。当然，我们现在所研究的融合，绝非是在锅里煮肉这般简单。

和一位餐饮界的专家聊天，我提出这样的观点：烹饪的时候，有些佐料是为了去除原菜中人们不喜欢的那部分味道，比如鱼腥味、肉膻味、土味，但是如果食客能品出过重的佐料味，也是不成功的。佐料的加入与调和，应该是生成了一种新的味道，更让食客喜欢的那种口味。餐饮专家认可这个观点，他又补充说，不仅如此，很多佐料还会改变菜品的形状、色泽，搭配合理能起到提高菜品的营养价值。

面前放着的一杯白开水，使我陷入了遐想。我似乎看到，一滴液体滴入水中，顷刻间，杯子里的水变得绚丽无比。为此，我去请教了一位中学老师。老师拿出容器给我做了示范：他将水倒入集满二氧化碳的塑料瓶中，旋紧瓶盖后晃动，再取塑料瓶中液体于试管中，向试管中滴入几滴紫色石蕊试液，紫色石蕊试液变成了红色。我问：这是物质间的融合吧？老师说：这是化学作用啊。一句话点醒了我，很多物质的东西融在一起可以产生化学反应，那么，如果是产业呢、是创意呢、是管理呢、是思想呢？这些事物的交融，所发生的变化、产生的结果，其实也是一种化学反应。

老子说："人法地，地法天，天法道，道法自然。"这里面讲的是"链"。人类依存于大地生活，大地依存于上天而承载，上天依存于大道而运行，大道则顺应自然。他还有个经典的句子"上善若水，水善利万物而不争"，水是柔软的，它顺势而行，只要有足够的落差，便无所不及，润物细无声。

中国传统文化中的周易八卦图，更是形象地刻画出天地阴阳之平衡。我理解，这个“易”字，即为变化、转换、交互、融合。庄子提出的“天人合一”哲学思想，认为宇宙自然是大天地，人是小天地，二者相应、相通，起于自然、顺其自然、归于自然，终能达到人与自然的和谐境界。

两种或多种不同的事物合成一体，相互交融，互为促进。融合之前各自独立，雏形为交集，再者为交互，深入之后便融为一体。融合的过程是艰辛和痛苦的，首先需要打破惯性、惰性与狭隘私念，需要有前瞻的格局和胸怀，以及颠覆、创新与再造的能力。融合之后，便是贯通，所有的要素都将在这一生态中被激活，发挥出最大的能量和价值。若已至此，想不成功都难。

融合的结果，不是简单使旧的事物获得新生，而是创造出全新的物种。

【对话】融合智慧与生态圈

郑锋：在你的创业与管理实践中，你觉得做到“融合”最重要的是什么？

李国：我觉得心态最重要。心态决定思维方式，思维方式决定行动，行动决定结果。一定是要基于开放的心态来看待任何人、任何事。

郑锋：融合的过程就是创新的过程。对于每位创业者来讲，如果能够悟透融合智慧、创新之道，那么就意味着创造力将获得提升。

李国：创造力是难能可贵的。对于企业，内部的创造力会转化为竞争力。

郑锋：如果说融合智慧是管理的一种境界，那么生态圈则是企业存在的最佳形态。

李国：是的，融合出生态，这是路径与结果的关系。

郑锋：你们在三产融合方面做了有益的尝试，那么正德康城的生态是否已具雏形？

李国： 雏形是有了，还有一些生态构建的梦想需要砥砺前行，或者还会遇到这样那样的困难。而我们目前需要做的，就是更多的实践、更好的融合。因为，既然生态是结果，那么就要靠融合自然而然地产生结果。

郑锋： 整体来看，你们企业理念是新的，但是具体到落地实践中，还是需要增加非常多的东西。比如与更多信息化、智能化的融合。

李国： 我们一直在尝试着做互联网+，做技术升级，比如现在使用的生产线都是智能设备，一条68米长的洗碗设备只需要四人操作，2000人的厨房只需要三四人操作。再比如我们的产业全程二维码技术，也是基于互联网技术形成的。

郑锋： 所谓生态圈并不是孤立的，必然与社会进行深度的交融。你们在这方面有什么创新？

李国： 我们计划建立基于移动端的智慧平台，突出实时性、互动性、参与感。在产品模块设计方面，一是规划大众创业者学习、加盟的端口，二是打开农业、食药、教育、家长的监控端口，让政府监管部门和受众能实时查看我们的生产流程及相关数据。

郑锋： 这是主动接受社会的监督，企业是需要一些勇气的。

李国：做学生营养餐这样的项目，必须能够经得起社会的监督和检验。做校餐就是做良心。我们希望先拿自己开刀，引导全国的校餐供给平台都变得如此透明，社会不就进步了。

郑锋：你一直说农业是三产融合的基础，那么作为一名农村创业创新的带头人，你想对农村创业者提供怎样的建议？

李国：土地是人类生存的根本，所以要对土地心怀感恩、心怀虔诚。做农业，要经得起寂寞，不可急功近利；要经得起风雨，不可半途而废；要敢于创新，注入新的理念；要站得高，把产业放在大的时代背景下去谋篇布局。

后　记

献给新农人的一首歌

滴水汇江海。在这个变革的时代，在这个颠覆与创新的时代，每个人的努力都是组成恢宏交响的一个音符。这部书讲的是农村一二三产融合的故事，带来的是关于融合智慧的思考。这部作品也大胆采用了融合的手法，这里面既有创业故事，又有观点碰撞；既有实践总结，又有理论升华。

这是一场涅槃的体验，这是一次艰难的创作。我过去写书，大部分是基于过往经验的反刍，而这次，是对陌生领地的探索。虽然不是长篇巨著，但我也经历了从好奇到理解、从质疑到认可、从平静到感动、从审视到融入的过程。这段体验与写作的过程，对于我和主人公来说都是一次学习的过程，北京、济南、苏州、南京都留下了我们的足迹。我和李国一起拜访了多位领导与专家学者，他们从不同的角度给予我们热心的指点和启发，在此，一并表示真诚的感谢！

我从未与土地贴得如此之近，感受她深沉的呼吸和强健的脉搏跳动。这些日子里，从这些农村创业实践者身上，我看到的是凝聚13亿中国人力量共筑的中国梦。

在一个深夜里，在为这部书稿最后章节画上句号的那一刻，不知从何而来的灵感，我的脑海中突然响起一首陌生的民谣。伴随着音乐声，我的眼前浮现出这样一种景象：在那一片广阔的田园上，一群人，在太阳的照耀下尽情舞蹈。

我不懂音乐、不会谱曲。但是这首歌却一直在我脑海中萦绕，让我热血沸腾。于是我迅速记下歌词，并按照这个旋律唱了一遍，用手机录下，生怕第二天会遗忘。

我将录音发给李国，李国说："我听了三遍，被感动了。相信身在农村创业一线的人，都能从这歌里找到共鸣！"

希望不久，这首歌能在农村创业者当中、在新农人实现梦想的大舞台上，被唱响。

新农人梦想

1=G $\frac{3}{4}$

作词：郑锋
作曲：郑锋

6 1 | 3 3 3 2 1 2 | 2. 2 2 1 7 6 | 1. 1 2 1 2 3 |
我从 都 市 回到家 乡，编 织 奋斗理 想。不 畏 寂寞迷 茫，
我穿 越 一 座座村 庄，带 着 梦儿飞 翔。不 畏 路途艰 险，

5. 3 5 6 7 6 | 1 1 1 1 2 1 2 3 | 2 2 2 2 1 2 3 |
不 怕 夜深路 长，让智慧 与汗水 凝 结，融合成 一种力 量。
不 怕 雨雪风 霜，驻扎在 美丽原 野，呼吸着 泥土芬 芳。

3 - 0 3 3 | 5. 3 6. 5 6 | 2 2 3. 2 3. 1 6 |
我的 父 老 乡 亲，我的 兄 弟 姊 妹，
我的 父 老 乡 亲，我的 兄 弟 姊 妹，

1 1 1 2 2 2 2 1 | 3 3 3 3 3 3 3 3 3 | 5 3 5 6. ‖
用那份 美好的 渴 望，手拉手，手拉手，一起去 奋力开 创。
用那份 坚强的 守 望，在这里，在这里，让生命 尽情绽 放。